李永智 著

质变

前夕

数字教育的破与立

Dawn of
Revolution

Crafting the Future of Digital Education

上海教育出版社
SHANGHAI EDUCATIONAL
PUBLISHING HOUSE

自 序

从改善到改变

大家都很关注数字教育。数字教育的定义，学界还在讨论中。数字技术将颠覆工业时代学校教育形态，建构起数字时代的教育新形态，这基本已成共识。数字教育的形而上指导是什么？目标和路径何在？与教育现代化、教育强国是什么关系？教育数字化转型过程中，需要注意哪些问题？这些都是当前备受关注的问题，也是我从事相关工作30年来，一直面对和思考的问题。

应上海教育出版社之约，我将近年来的相关思考筛选整理成这样一本小书。一则纸质书可以带来与报刊不一样的阅读体验，二来私下里我还有一个愿望，限于版面要求，报纸、期刊发表时对文章进行了删改，纸质书的容量要大得多，能让这些文章以完整版的形式呈现，也算弥补之前一点小小遗憾。

法国历史学家布罗代尔提出了中时段的"社会时间"概念，不同于短时段的"个人时间"和长时段的"地理时间"，"社会时间"视角能让我们从日常的喧哗中超脱出来，站在社会变革的高度，以更加理性、冷静、多元和多层次的视角，来考察社会某个领域的变迁。本次结集出版，因为文章讨论对象时间跨度的关系，某种程度上也拥有了"社会时间"视角，使我和读者得以重新思考教育数字化在中国的发展历程。

　　回顾数字技术融入世界教育发展的过程，历 30 年，对传统学校教育没有形成系统化、常态化的根本性改变，究其原因，可以用三个中国古代成语概括。一是盲人摸象。无论基本认知，理论探究，还是实践探索，常常囿于局部，以偏概全，各说各话，难成共识，甚至一叶障目，难以深入。这个阶段，技术应用仅仅被作为一种工具，一种改善传统教育的手段。二是叶公好龙。口头上很重视，纸上谈兵，热火朝天；实践上瞻前顾后，畏手畏脚，裹足不前。政府忧于政治成本和社会成本，难下决心；师生因于传统应试体制和数字素养局限，不敢妄行。因此，造成学校固守传统模式，教育教学固守传统范式。三是头痛医头，脚痛医脚。在缺乏战略谋划和系统推进的情况下，数字教育的实践探索，走上了碎片化发展的窄径。积极推进的地区和学校，经历短暂的百花齐放式繁荣后，陷入"系统烟囱林立"和"数据孤岛丛生"的困境；故步自封的地区和学校，陷入应试教育的"内卷"和未来发展的"焦虑"。以上问题，是发展中的问题，也是面向未来必须解决的问题。

　　回顾国内教育信息化发展，极少数学校还存在"四个异化"的现象，值得关注。一是技术驱动的异化。脱离学校实际，超前追逐最新技术的应用。二是设备驱动的异化。脱离应用需求，过度配置或迭代更新设备。三是概念驱动的异化。热衷于打造缺乏实质内容支撑的概念，如：智慧课堂、智慧教室、智慧学校、智能学校、学校大脑、未来学校等等。四是利益驱动的异化。系统建设、设备购置等被个别人或个别企业的利益所影响。以上现象，严重影响着数字教育的健康发展。

　　随着新一代数字技术日新月异的发展和普及，一场比以往任何一次科技革命迭代速度更快的社会变革已经开启。人类社会正从工业时代进入数字时代，迈向智能时代，形成于工业时代的传统教育形态已无法适应数字时代对人的知识、技能和素养的新要求，学科间脱节、学段间脱节、知行脱节、理论与实践脱节的矛盾日益突出，教育的理念、体系、内容、范式、治理面临颠覆性变革，亟待重塑数字时代的教育形态。中国教育数字化的历程，与中国教育强国的征程同生共长，对标全球技术变革周期，数字化已经从课堂教学的补充手段，渐渐生长为一种重塑课堂和教学的力量，传统学校流水线式的同质化、标准化人才培养模式必将被打破，人人皆学、处处可学、时时能学的无边界学习型社会行将建立，教育的数字化转型已经悄然来到了"质变前夕"。

　　本书分为四个部分。第一部分，人类因教育而文明。从人类文明发展历程和技术与教育关系角度，尝试介绍本人对数字教育形而上的肤浅思考。开篇《媒介环境对教育的重塑》一文，基于分析媒介构成的社会环境通过建构人类社会进而建构教育，以及媒介直接作用于教育传播过程，阐释了媒介环境学"以媒介为中心、以社会为平台、以人为主体"的研究范式，作为研究数字社会的教育的理论基点。第二部分，以数字化引领教育现代化。从教育现代化、教育强国、教育数字化的关系角度，尝试介绍数字教育的内涵、目标、战略谋划、实践路径、国际观察等方面的思考与实践探索总结，是本书的核心内容。《教育数字化转型的战略构想与实践探索》一文，比较系统全面地阐释了本人对数字教育的思考。《坚持把高质量发展作为各级各类教育的生命线》刊发于《学习时报》头版，并为多家权威媒体转载。《数字教育赋能教育强国的国际观察》一文，通过对世界主要国家的国家政策、国际组织报告、重要学术文献、官方权威信息的广泛搜集整理与系统深入分析，尝试整体把握数字技术变革教育的世界性趋势，对比分析各国的战略谋划和行动举措。第三部分，以数字化开辟教育发展新赛道。面向未来发展，从具体实践的角度，总结剖析过往经验体会，尝试探索数字教育具体发展路径。《以数字化开辟教育发展新赛道》一文，刊发于《人民日报》理论版头条。《高校 BBS 20 年回顾》一文，回顾分析了 1994 年至 2014 年高校 BBS 的兴衰，对曾经的经历者而言，会有很多共鸣。第四部分，做有温度的数字教育。特别集选了几篇与教师专业发展相关的文章，意在强调数字教育过程中教师的重要作用。

当把文章整理成册的时候，我非常感慨，这些文字，不仅是我个人对于教育数字化转型的一些想法，也记录了国内有志于此的同行，以及我的同事们不断思考、不断试错、不断求索的一个个足印。书中收录的文章，绝大部分为已经发表的学术论文、报刊文章等，有些细节根据需要做了少量必要的技术处理。在此，感谢上海教育出版社的编辑团队在本书编校过程中的细致工作，特别是刘芳女士，可以说，没有她，就没有本书的呈现！也感谢所有在这些文字形成和发表过程中付出心血的人们！

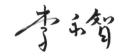

2023 年 10 月于北京

目　录

Contents

人类因教育而文明

人类因教育而文明。教育随媒介而发展。数字媒介正在引发新的社会变革，建构新的社会结构，开创新的社会行为方式，重塑新的教育形态。

以数字化引领教育现代化

科技革命激发教育变革，而教育变革进一步助推科技发展和社会进步，这是历史上教育强国的共同特征。教育强则国家强。

以数字化开辟教育发展新赛道

当前教育的一些深层次矛盾，虽经持续努力和深化改革仍难以解决，甚至因深入发力造成边际效益为负的"内卷"。究其根源是工业时代的教育理念和教育体系无法适应数字时代发展。

做有温度的数字教育

ChatGPT 让我们重新审视教师职业的价值。人技结合让教师能够更好地成为心灵的呵护者、思想的引领者、人格的塑造者、课程的设计者、资源的整合者,真正做到塑造灵魂、塑造生命、塑造新人。

人类因教育而文明

人类因教育而文明。教育随媒介而发展。在人类历史上，最终占据主导地位的新媒介，都会引发社会变革，建构新的社会关系和社会结构，开创新的社会生活和社会行为方式，重塑新的教育形态。在漫长的人类文明发展史中，这样的场景也不过数次。

数字媒介正在引发新的社会变革。形成于工业时代的教育传统形态已经无法适应数字时代对人的知识、技能和素养的新要求，学科间脱节、学段间脱节、知行脱节、理论与实践脱节的矛盾日益突出，教育的理念、体系、内容、范式、治理面临颠覆性变革，亟待重塑数字时代的教育形态。

新媒介环境对教育的革命性改变，是教育的质变。当前的教育重塑处在质变前夕。

1.1 媒介环境对教育的重塑 ①

近期，随着教育部印发《教育信息化 2.0 行动计划》，教育信息化 2.0 引起广泛关注。笔者尝试在媒介环境学视域下，对教育信息化 2.0 做些形而上的探讨。

一、媒介与教育

教育的发展一直与媒介的变迁紧密相连。在传统人类社会叙事中，媒介并非显在因素。主要原因：一是人们更关注媒介两端内容，而忽视了作为桥梁的媒介。二是人类文明萌芽以来，媒介（及其技术）明显的变化只有几次，在以一个人甚至几个人生命为刻度的历史时期内，很难观察到它的影响。媒介在一定时期一定范围内超级稳定，让人们仿佛水中的鱼感受不到水的存在一样，极易忽视媒介的存在及重要作用。

媒介构成的社会环境通过建构人类社会进而建构教育。媒介在人类社会诞生之初即已存在，并随着人类文明的发展而丰富。人与外界、人与人连接和交流必然通过媒介。信息基于媒介传播，知识基于媒介综合，智慧基于媒介创造，人与人基于媒介建立关系、形成社会。媒介是能帮助人与人直接或间接产生联系或发生关系的一切物质和技术。在人类历史上，最终占据主导地位的媒介，都开创了社会行为和社会生活的新方式。同时，媒介一般不具有排他性，而具有较好的共生相容性。新媒介（及其技术）的出现，并没有扼杀已经存在的媒介（及其技术），而是出现多种媒介共存的新的媒介环境。作为重要动力，媒介环境在推动社会发展的同时，其占据主导地位的媒介也成为区分不同社会形态

---

① 本文原载于《新闻爱好者》2018 年第 9 期，原题为《媒介环境学视域下的教育信息化 2.0》。

的重要标志之一。加拿大政治经济学家哈罗德·伊尼斯分析说："一种新媒介的长处将导致一种新文明的产生。"[1] 经过长期使用后，媒介会在一定程度上决定它传播的知识特征。不同媒介各有不同的特性和功能。那么，一个社会中新媒介发展壮大成主导媒介的过程，必然导致知识结构、社会结构、生产方式、生活方式和社会交往方式的震动和变迁。在人类历史上，最终占据主导地位的新媒介，都会引发社会变革，建构新的社会关系和社会结构，开创新的社会生活和社会行为方式，重塑新的教育形态。对媒介环境影响教育发展的历史分析，很好地验证了这一点。在教育史的关键时间点上都可以发现新媒介出现的标记。

人类历史是媒介化的历史，历史无法告诉后人，我们了解历史的唯一来源就是媒介。媒介的偏向和媒介的局限都再造了历史。更重要的原因是，媒介是人和社会存在和发展的必要条件。任何人都需要借助媒介而存在，任何人类组织都不能离开媒介而存在。所有人和社会都是媒介化的存在。教育传播时时事事离不开媒介。媒介环境学理论认为，每一媒介独特的物理和符号特征，都会使其在传播中带有一种偏倚或倾向（bias）。这种影响在社会层面发生，不同媒介偏向通过影响社会结构、社会关系、意识形态等，进而影响社会的经济、政治、文化、教育等各个方面。因此，不同媒介的偏向对教育的理念、体系和内容具有不同的影响。

此外，在某个教育传播过程中，媒介（技术）是教育传播效率、效果的基础决定因素，也对教育传播内容具有显著影响。根据媒介环境学理论，传播媒介在将数据或信息从一个地方传递到另一个地方时并不是中性、透明或无价值的渠道。相反，媒介的内在物质结构（physical structures）和符号结构（symbolic structures）在塑造什么信息被编码、传输和怎样被编码、传输以及怎么被解码的过程中扮演着解释和塑造性的角色。[2] 因此，不同媒介的偏向对微观教育的方式、方法、效率、效果等具有值得研究的影响。

无论在宏观还是微观教育传播过程中，媒介都不单单以技术而是以环境来影响教育传播，技术是构成媒介环境的重要甚至决定因素，但不是唯一因素，在不同时间不同空间，媒介环境乃至媒介技术对教育传播的影响是不同的。新的媒介环境总是重塑出新的教育形态。

二、媒介环境学与教育传播

信息技术迅猛发展近 30 年来，媒介环境学（Media Ecology，国内最初译作"媒介生态学"）作为传播学领域的一个新学派，日益发展壮大起来，大有青出于蓝而胜于蓝之势。1968 年，尼尔·波兹曼（Neil Postman）首次用"把媒介作为环境的研究"（Mediaecology is the study of media as environments）来定义媒介环境学。之后，关于媒介环境学的内涵和外延的界定一直处于争论和完善中。在众多媒介环境学定义中，笔者更为赞同深圳大学李明伟博士自称以相对保守的态度对媒介环境学的内涵和外延给出的定义，"媒介环境学主要从媒介自身的特性出发，研究不同媒介组成的媒介环境（尤其是其中的主导媒介）及其变化已经或可能发生的深远影响。媒介环境学内涵包括五个方面：立论的原点是'媒介本身'；承认和讨论具体媒介的特性；注重考察媒介环境的历史变迁；研究的中心是解读社会历史的变迁；考察的是长远时期广大范围的已然结果和可能影响"[3]。

清华大学学者李彬认为："科学主义和实证精神是传播学经验学派的学术基础，人本主义和终极价值是传播学批判学派的思想基础。"[4] 纵观媒介环境学的发展，兼具二者基因，独特性表现在从不同媒介特性出发研究其对文化乃至社会历史变迁的微观及宏观影响。比较三个学派，同样是研究传播，经验学派主要关注内容，考察同等条件下不同的传播内容会引起何种反应；批判学派主要关注外力，考察政治、经济等各种外部因素如何主动或被动影响传播来达到他们的目的；媒介环境学派主要关注的是媒介及其组成的媒介环境，考察的不是总体意义上的"传播"，不是可见的具体的"传播内容"，不是影响传播的各种"噪音"，也不是传播背后的各种操纵力量或者"意识形态"[5]，而是作为人类社会历史发展推动力的媒介，是与生产力、生产工具一样的一个考察人类社会发展的新维度。

媒介环境学派突破了主流传播学经验学派和批判学派的主要局限，经过几十年的发展，逐渐从传播学的边缘走到中心，为研究传播活动开辟了宏观的、社会的广阔视野。媒介环境学理论以媒介为研究对象，以传播技术、内在符号和物质结构为经纬，探究媒介与人类社会文化的关系，以及文化导致的深远的微观及宏观的影响，对由其引发的一些广泛而颇有深度的问题进行了专业的、系统的研究，提出了一些其他学科未曾企及且刮目相看的思想创见，建立了基于媒介及媒介环境变革考察传播活动规律乃至社会发展规律的理论框架，创建了"以媒介为中心、以社会为平台、以人为主体"的研究范式，进一步夯实了传播学的存在、发展和理论基础。

教育即传播。研究教育传播理论，首先要确定以谁为基础。在人类文明发展过程中，先有传播，后有教育，教育本身也是一种传播活动，理应是在传播学视域下重新思考教育传播理论。媒介环境学在孕育成长过程中，对教育传播表现出了特别的关注。媒介环境学的重要奠基者尼尔·波兹曼（Neil Postman）的传播理论著述多是围绕教育展开的，如《教育的目的：重新确立学校的价值》《教学：一种颠覆性的活动》《童年的消逝》《怎样认识一所优秀的学校》等[6]。直到今天，这些著作都为教育传播提供了非常有价值的理论借鉴，也体现了媒介环境学在教育传播方面的独特基因，为跳出国内教育传播研究中传播学经验学派一统天下的局限，开辟了新的理论视野。

目前在世界范围内，受20世纪主流传播学理论的影响，教育传播研究的聚焦点仍是怎样提升教育传播的效果和效率。主流传播学以内容为研究对象，以功能和效果为研究框架，聚焦分析和解决传播中的具体现实问题，忽视了因传播建立和变化的人与人之间的关系，及由此建立和改变的社会存在。这使基于主流传播学的西方教育传播学研究，停滞在表象、局部和微观，即使跳出了教育技术学的局限，但仍然禁锢于传播学经验学派和批判学派的局限中。

媒介环境对教育的影响，随着人类文明的诞生已经存在。笔者相信，随着媒介环境驱动人类文明发展的作用被发掘和更广泛地认识，也随着以信息技术为代表的新媒介日新月异的发展，新的社会主导媒介迭代进化周期越来越短，与社会各领域的联系也越来越密切，媒介环境对社会发展及教育发展的影响进一步显现，以媒介环境学为指导，研究教育传播规律的理论价值和现实意义必将日益凸显。这必将推动教育信息化的形而上的思考和实践的深入。

与此同时，媒介环境学仍然存在一些局限。在媒介环境学理论中，无论是硬决定论还是软决定论，都把技术摆在了重要的突出位置，并将人与技术分隔开来。这样把主客体二元对立，就很容易在技术决定论的两端摇摆，陷入机械的技术观 [7]，重蹈把技术当成目的和手段的功能主义覆辙。今天研究传播学，无论是讨论新媒介技术如互联网技术的特征与功能，还是讨论互联网技术与政治、社会、文化之间的关系，都还是着眼于功能的。这样的话，媒介与受众之间的关系，可以简单地被当作一种满足需求的功能性关系。教育信息化被简化为教育手段信息化就是最典型的例证。正如南京大学教授胡翼青所说，海德格尔技术哲学给我们的最大启示就是：如果传播学想打开哲学之门就该去研究媒介技术中介化之后的社会存在。[8] 也就是媒介到底怎样改变了人的存在方式。

因此，笔者认为，研究媒介与教育，既要接受以媒介环境学为指导，以媒介为研究对象，又要避免陷于机械的技术观，而是在"人—社会—教育—媒介—文化"的框架内展开，不仅仅关注媒介重塑了教育的某些功能，更重要的是关注媒介重塑了人的存在、社会存在及教育本身。

三、教育信息化 2.0 的本质和展望

在媒介环境作用于教育的漫长历史变迁中，每个社会新主导媒介的出现对教育的影响一般分为两个阶段：第一个阶段是作为技术，直接作用于教育的具体传播过程中，提高了传播效率和效果；第二个阶段是作为文化，通过建构新社会形态进而建构新教育形态，主要包括理念、体系和内容。由于之前媒介进化周期过于漫长，这一规律被淹没在历史的长河中。时下的教育信息化 2.0 应该属于第二个阶段。

教育信息化在中国已经发展了 30 年，通过对近 30 年工业社会向信息社会过渡阶段的回顾，从某种意义上说教育信息化发展主要是教育手段的信息化，教育理念、体系和内容并未发生明显变化，新的教育形态并未产生。

教育信息化一直处于量变之中，并没有达到质变。此前的教育信息化可以理解为量变的积累过程。标志有两点：一是教育信息化应用并没有实现常态

化，教育管理应用了信息技术，但教育教学只是偶尔用之；二是教育的理念、体系、内容还是基于工业社会建立起来的传统模式。所以，当前阶段应称为"质变前夕的教育信息化"。"信息技术对教育的影响分宏观和微观两个方面。从宏观层面来看，信息技术作为一种先进生产力的主体，推动人类社会进入了信息社会，社会发展要求教育进行相应的改变，就是应信息社会之需，建构新的教育理念，并在新的理念指导下，建立新的教育体系、内容和方式。从微观层面来说，信息技术作为一种新的传播方式，必将带来教与学的革命性变革。这两个层面决定了教育应当也必然发生革命性的变化。可以说，目前的教育信息化尚处于微观层面的量变过程。当前信息技术与课堂教学融合的现状，距离真正的教育信息化还有质的区别。教育信息化不是赶时髦，不是跟着新技术走秀，更不是锦上添花式的点缀，或是脉冲式的应用，而是全新理念指导下的重构和常态化应用。"[9]

在媒介环境学视域下，教育信息化 2.0 是媒介环境革命性重塑教育的高度概括，强调以"信息化下的教育"取代"教育信息化"，此前的教育信息化远未达到这个目标。教育信息化 2.0，首先强调的是与之前教育信息化的不同，体现的是对革命性变化的期待。教育信息化 2.0 的本质是以新媒介环境重塑新的教育形态，是要推动教育发生质变。当前以学校为主体的教育体系是 300 年前随着西方工业社会的发展需要而建立起来的。学校如工厂，学生接受大规模、同质化、程序化、统一模式的培养。应当认识到，现有的教育体系对大众教育的普及发挥了积极作用，但已经不适应信息社会的发展需要，而且将越来越不适应，破旧卫新是早晚的事。实现教育信息化，就是要在信息时代建立适应信息社会的教育新理念、体系、内容、结构，或者说是根据信息社会的要求进行一次教育重构，需要自上而下的顶层设计和变革，不是简单的修修补补，而是在新理念指导下进行一场全面的教育革命。《国家中长期教育改革和发展规划纲要（2010—2020 年）》中提到的，信息技术对教育具有革命性影响，应该就是这个意思。

教育的质变，"首先是在宏观上，根据国家和社会发展的需要，根据人民对美好生活期待的需要，将工业社会的人才培养方式转变为信息社会的人才培养方式。以习近平新时代中国特色社会主义思想为指导，建构新时代中国特色社会主义教育理念，指导加快教育现代化建设"[10]。理念的转变是关键，是根本。进入信息时代，已经具备了同质化人才培养向个性化人才培养转变的技术基础。回归到中华传统文化倡导的"因材施教"的教育理念上，应是新时代教育信息化改革发展的要求。呼吁教育的回归，首先是呼吁因材施教教育核心理念的回归，教育在信息时代里的发展，其需求是个性化的发展，而不是工业化模式下一个模子里出来的生产线产品。信息社会的技术发展，使得我们完全有可能实现这一目标。其次是在微观上，就是教与学的革命性变革。目前的教育信息化，在教与学方面有很多创新，百花齐放，在提升师生信息素养、教育管理水平和教学效果方面积累了非常丰富的案例，但绝大多数还停留在呈现方式（投影、电子书）和传输方式（邮箱、空间、微信）应用上，远未达到质变，"常态化"也很少。简单使用投影和平板展示教学内容并不能算真正的教育信息化。教育手段信息化效果也要一分为二地进行评价。前一节课在信息化教室，后一节课就回到传统课堂；公开课在信息化教室，学科教育回到传统课堂——这些都不是信息化，只是点缀。虽然大多数学校都将实践信息技术应用到教与学，但基本没有实现常态化使用。大多数学校实现的是教育管理的信息化，教学的信息化还停留在初级阶段，这都说明教育信息化仍然没有进入质变阶段。

信息社会媒介环境重塑教育形态是历史的必然，但过程不会自然展开和一帆风顺。当前社会处于工业社会向信息社会的过渡期，即"互联网+"的时代。"+"是一个动态过程，也是一个过渡融合的过程。在这样的过程中，各种思想碰撞、体制机制交错、利益主体交锋，把握主要矛盾、识别关键问题，显得尤为关键。当前教育主要矛盾体现在：在政治经济文化生活方面尽享新一代信息技术的社会人群与称为学校的滞后的工业模式教育之间的角力！工厂模式正在挣扎，曾表现出美妙前景的基于信息技术的教学技术一直没有达到我们的期望。接下来推进教育信息化2.0需要面对很多问题。

首先是认识问题。教育信息化不能停留在教育手段的信息化，不能停留在硬件和软件的覆盖和更新迭代，不能停留在微观局部的涂脂抹粉和修修补补。教育信息化2.0是新媒介环境对教育的革命性改变，是教育的质变，应当紧紧围绕社会发展和人的发展，当前的教育重塑处在质变前夕。虽然工业社会学校教育本质并没有发生变化，但是推动教育重塑这一质变过程的量变积累已经达到了相当程度。教育信息化作为教育现代化的本质特征和重要引擎，备受期待。

其次是误区问题。误区问题导致教育信息化的异化。误区主要包括三个方面的内容。一是技术驱动的误区。热衷于新技术新设备新应用的迭代和覆盖，舍本逐末，忽视了育人初衷。二是概念驱动的误区。热衷于智能智慧和云等概念的炒作，叶公好龙，将信息化停留在论坛论文和展示教室中。三是利益驱动的误区。商业利益绑架了教育信息化建设的方向、方式和进程。

最后是原则问题。原则问题决定着信息社会教育价值的正确实现。教育部《教育信息化 2.0 行动计划》明确了四个基本原则：一是坚持育人为本，面向新时代和信息社会人才培养需要，以信息化引领构建以学习者为中心的全新教育生态，实现公平而有质量的教育，促进人的全面发展；二是坚持融合创新，发挥技术优势，变革传统模式，推进新技术与教育教学的深度融合，真正实现从融合应用阶段迈入创新发展阶段，不仅实现常态化应用，更要达成全方位创新；三是坚持系统推进，统筹各级各类教育的育人目标和信息化发展需求，兼顾点与面、信息化推进与教育改革发展，实现教学与管理、技能与素养、小资源与大资源等协调发展；四是坚持引领发展，构建与国家经济社会和教育发展水平相适应的教育信息化体系，支撑引领教育现代化发展，形成新时代的教育新形态、新模式、新业态。[11]

笔者认为，落实《教育信息化 2.0 行动计划》，应当进一步遵循四个具体实施原则。一是以学校为最小实施单位，系统设计推进教育信息化落地。学校的信息化方案应当整体设计，统筹实施，统一数据管理，统一身份认证，统一运维运营，防止再建设分隔独立的子系统。二是围绕"发掘潜质、激发兴趣、指导学习、成就价值"，建立以学习者为中心的教育信息化环境。通过全面感知的物联网，不断丰富学生数字画像，发掘学生的兴趣、天资和特点，激发学生的学习兴趣，指导学生自主学习，形成良好习惯，督促指导学生在最有天资、最有兴趣、最有益于社会的领域成就自己的最大价值。三是以"大规模因材施教"为目标，指导新时代教育变革。这就是为每个学生创建最适合的学习目标、学习环境和学习方案。四是充分发挥教师的人类智能和信息技术的机器智能在各自维度上的优势，建构人技协同的教育智慧中枢。未来教师无法取代计算机，计算机也无法取代教师。应当研究建立一种机制，适合教师做的工作由教师做，适合计算机做的工作由计算机做，并将二者完美统一起来。

【参考文献】

[1] 哈罗德·伊尼斯.传播的偏向 [M].何道宽，译.北京：中国人民大学出版社，2003.

[2] 单波，王冰.西方媒介生态理论的发展及其理论价值与问题 [J].新闻与传播研究，2006（3）.

[3][5] 李明伟.知媒者生存 [M].北京：北京大学出版社，2010.

[4] 李彬.批判学派纵横谈 [J].国际新闻界，2001（2）.

[6] P.Neil，W.Charles. Teaching As a Subversive Activity[M].NewYork：Dell Publishing Co.，Inc，1971.

[7] 马丁·海德格尔.林中路 [M].孙周兴，译.北京：商务印书馆，2015.

[8] 毛章清，胡雍昭.胡翼青：重新发现传播学——从海德格尔的技术哲学谈起 [J].国际新闻界，2016（2）.

[9][10] 傅宇凡.质变前夕的教育信息化：专访上海市教委副主任李永智 [J].中国教育网络，2017（12）.

[11] 教育部.教育部关于印发《教育信息化 2.0 行动计划》的通知 [J].浙江教育技术，2018（2）.

1.2 教育与技术的再次较量 ①

安德烈亚斯·施莱歇尔先生（Andreas Schleicher）是经济合作与发展组织（以下均简称为 OECD）教育与技能司司长。为我们所熟知的是，2000 年他策划发起的国际学生评估项目（以下均简称为 PISA），开启了国家和地区间通过学生学业成绩进行教育系统间深层次的比较与思考。至今参加 PISA 测试的学生样本数量可代表全球 2400 万 15 岁的学生，相当于上海的总人口数量。这些学生来自 90 多个国家和地区，这些经济体对全球的 GDP 贡献达到总量的90%。在他的积极推动下，上海连续参加了两轮 PISA 测试并在国际排名上名列前茅。上海学生让人惊艳的 PISA 成绩使上海教育为全球瞩目。上海基础教育体系成为发达国家纷纷热议和效仿的国际教育标杆（international education benchmarking）。上海基础教育的成功经验开始为更多国家引进，涌现出一系列高水平、高层次和高级别的教育对外交流项目，如中英数学教师交流项目等。可见，上海对于施莱歇尔先生来说并不陌生，而他对于上海而言也意义非凡。

初次与施莱歇尔先生相识是在中东和北非地区教育部长 PISA 研讨会上。当时，我受 OECD 和阿联酋阿布扎比教育局（ADEK）邀请，作为国际专家团队成员，分享了上海在建设一流师资队伍方面的政策和经验，以指导当地教师教育体系的完善。席间，他饶有兴趣地向我介绍了这本著作，并告诉我这本书最初的创作动机源于对上海教育的真切感受。他注视着我说，当他在 PISA 数据中发现上海 10% 最贫困学生的数学成绩（PISA2012）要好于美国 10% 最富有的学生时，当他来到上海，亲眼看到随迁子女跟着上海优秀的教师快乐学习共享蓝天时，他决定要写这本书。因为他从上海看到了"让每一名学生都能从

---

① 本文为《超越 PISA：如何建构 21 世纪学校体系》书序，刊发于《中国教育报》2018 年 12 月 10日第 10 版。

优质的教学中获益"是可以实现的。我深深地被他的教育信念和专业精神所打动，欣然答应推荐最优秀的专业人士将本书译为中文，并为本书中文版作序。

通读全书会发现，本书并不是对现有教育体系下优秀经验的总结，而是就重塑未来学校体系提出的宣言！作者通过对 PISA 数据的深入系统分析，以世界数据勾勒教育的未来，以世界胸怀坚守教育的初心，宣示了新一代信息技术背景下 21 世纪教育体系革命性变革的必然性，指出了努力的方向。本书通过对过去和当下源自世界主要国家的 PISA 大数据的挖掘分析，帮助我们更深入地思考未来，更清晰地看清未来。所以说，其意义远远超越 PISA 本身。施莱歇尔先生通过本书在向全球教育决策者和从业人员传递一个强烈的信号：当今的教育体系，因工业社会而生，服务于工业社会，是工业社会的组织模式，无法适应信息社会的发展需要。

目前面向未来的教育发展的首要症结，既不是公平和质量，也不是教育经费或资源的低效使用，而是学校系统组织方式的落后。我们需要重新界定教育，包括什么是最适合学生的教育，什么是最有价值的知识，什么是最有益于学生个体发展的学习策略等。教育工作者应当基于学生的未来开展教育，而不是面向过去，背向未来。

工业社会的教育体系，一方面通过筛选机制让优质的资源集中在精英的培养上，另一方面通过标准化、知识复制来实现大规模工业化生产所需要的大量同质化、功能化劳动力的生产。300 年前工业社会初期，正是这种教育体系革命性的诞生，使得人才培养最大化地满足了工业社会的生产力发展需要，减缓了因技能不足而导致失业等社会阵痛。显然，在那个时代，在教育与技术的较量中，技术革命性地建构了新的教育体系，现代学校体系因此而诞生。但是，应该清醒地认识到，作为推动教育发展的因素，技术虽然改变了教育的形式，但改变不了教育的初心。在教育与技术的较量中，教育始终坚守着促进人的发展和社会发展的宗旨。教育与技术的较量，本质上是技术推动教育发展的过程，也是教育适应环境、重构自身和推动技术进一步发展的过程。教育的重构，是围绕进一步促进人的发展和社会发展的教育理念、体系、内容的重构。在漫长的人类文明发展史中，这样的场景也不过数次。

今天，我们幸运地置身于一场崭新的、历史性的教育与技术较量的尖峰时刻。新一代信息技术的迅猛发展和日益普及，正在革命性地建构信息社会新的政治形态、经济形态和文化形态。相比之下，教育并没有发生任何实质性改变，工业社会的教育理念、教育体系、教育内容都没有实质性改变。信息技术只是作为一种工具和手段徘徊在传统教育之外，而信息技术对教育的革命性变革是必然的。这种变革必然成为教育信息化，也是教育现代化的主要内容。

教育与技术再一次较量的序幕已经拉开。面对技术的挑战，上海需要在借鉴世界经验的基础上，凝结上海智慧，开展上海探索。

首先是重塑信息社会的教育理念。在信息社会，教育理念的核心是"以人为本"，关键在"因材施教"，动力源于学习者的兴趣。数据驱动的大规模因材施教成为新的核心教育范式。教育信息化不再仅仅是教育手段的信息化。作为革命性的内变量，教育信息化成为教育现代化的动力引擎和典型特征。教育现代化就是教育信息化，教育信息化就是教育现代化。

其次是重塑信息社会的教育体系。工业社会学校教育体系将被终身学习体系取代，大规模个性化学习是其主要方式。学校可能不会消失，模式将会改变。为每个人提供最适合的教育，不仅成为可能，而且成为首要指向。教师不再是工业社会组织方式下教育"工厂"中的教书匠，而应成为在扁平化、协作式工作环境中的高水平的专业实践者。教师专业的工作模式需要重新组织，发展教师的专业自主性，培育专业协作文化，激发教师的教育创新精神，助力学生在学习上的成长。这需要发挥教育体系各层面的领导力，包括学校领导力、教师领导力和系统领导力。

再有就是信息社会教育内容的重塑。可即用即学的内容从教育内容中剥离，获取信息和综合解题的能力构成新的教育内容主体；新媒介技术建构新的教育传播符号及组合，进而建构新的教育内容；信息技术发展引发知识的聚变现象和裂变现象，推动教育内容革命性重塑；教育内容的冗余和碎片化带来新的隐忧。

信息化推动全球化，共同建构着信息社会的新教育形态，在更高层次上推动人的发展和社会发展。站在教育与技术再一次较量的尖峰时刻，我们要为学生的未来发展做好准备，要为社会的未来需要做好准备，让所有人能共享技术进步、数字化带来的社会福祉；我们也要为教师的未来发展做好准备，不仅让教师职业在经济上有吸引力，还应提升在专业胜任力和自我效能感上的吸引力。只有优秀的人才能培养更优秀的人。只有面向未来的教育者才能承担起教育未来面临的艰巨挑战。在这场较量中，我们需要更充分地发挥教师的匠心之智，调动一线教师和校长的智慧与经验，共同续写上海教育辉煌的新篇章。

　　谨以此序，致敬正在经历这场教育变革并向过去教育体系宣战的勇士和智者！

1.3　人类因教育而文明 ①

党的二十大报告指出，中国式现代化的本质要求是：坚持中国共产党领导，坚持中国特色社会主义，实现高质量发展，发展全过程人民民主，丰富人民精神世界，实现全体人民共同富裕，促进人与自然和谐共生，推动构建人类命运共同体，创造人类文明新形态。"创造人类文明新形态"这一重要论断，使中国教育的文明意义成为应时代之需、顺发展之势的重大课题。

人类因教育而文明

《说文解字》讲："教，上所施，下所效也；育，养子使作善也。"教育在原初意义上就是把一个自然人变成一个社会人。教育的过程是人的社会化、文明化的过程。按照恩格斯在《家庭、私有制和国家的起源》中的观点，文明是人类摆脱蒙昧、野蛮状态逐步前进的过程。从这个意义上说，教育是促进文明的手段。

教育的目标是实现人的文明和社会的文明。文明不仅以知识来衡量。教育只有知识的传授是不够的，还需要道德和精神的树立；需要思维能力、创新能力、协同能力等的培养；需要情感、态度、价值观的培育；需要以一种更加广阔的视野向学生传播新的文明观，推动构建人类命运共同体。

教育是经由文化而达成文明的。"文化"这个词最初由"文""化"合称而来，其本质意义为"以文化人"。中华民族之所以文明传承、世代不衰，与几千年来的优秀文化传承密不可分。教育如果缺失了经典文化和人文情怀，就难以真正实现教育的育人使命，也难以绘出"化成天下"的教育画卷。

从这个意义上说，教育文明是全面建设社会主义现代化国家的关键要素，

---

① 本文原载于《光明日报》2023年5月9日15版，原题为《中国教育文明的鲜明特征》。

对于中华民族伟大复兴意义重大。

中国教育文明具有鲜明特征

教育作为一种知识活动、文化存在，具有鲜明的文明特征。我国教育的特征主要表现在以下方面：

规模之巨。我国教育体系规模大、链条长，覆盖学前教育到高等教育各个阶段，分为普通教育、职业教育、特殊教育、继续教育等多种类型。2022 年，我国共有各级各类学校 51.85 万所，学历教育在校生 2.93 亿人，专任教师 1880.36 万人，是世界最大规模的教育体系。

制度之特。我国既有通用的基本教育制度，更有独特的重要教育制度，比如高校实行党委领导下的校长负责制，中小学实行党组织领导的校长负责制，以及大中小学思政课一体化建设，课程思政制度，三科教材统编制度，基础教育教研制度等。这些重要制度与国家制度相匹配。

差异之大。我国是一个发展中大国，发展还不平衡不充分，反映在教育上，城乡、区域、校际、人群等方面还存在差距。

从以上三大特征可以看出，中国式现代化创造了人类文明新形态，这是以人民为中心的文明新形态，践行以人民为中心的发展思想。而中国教育在形成有自身特色的发展之路、推动教育文明不断完善的进程中，鲜明地体现了这一点。

教育学术研究需要自我革命

在一代又一代学者的努力下，我国教育学术研究形成了完整的学术建制，取得了丰硕的成果，为教育事业发展和哲学社会科学繁荣作出了重要贡献。但在新形势下，我国教育学术研究也面临着严峻的挑战，不同程度存在尾随心态、学徒困境、闭门造车、孤芳自赏、脱离时代等问题，导致教育学在学科谱系中地位还不高，在服务决策时贡献还不够，在指导实践时操作还不强，在对话国际时话语权还不大。洞察中国教育的文明意义、回应中国教育的时代之问，必须推进教育学术研究的革故鼎新。

树立自主意识。新时代十年伟大变革，我国教育进入新的发展阶段，迎来了建构中国教育学的最好时机，要抓住机遇加快建构中国教育的自主知识体系。

强化实践导向。实践是检验真理的唯一标准。我国巨大的教育实践规模，是教育理论的最佳源泉。构建中国教育的自主话语体系，要立足于我国教育跨越式发展的事实与经验。要放下理论的清高甚或是傲慢，走入实践、分析实践、总结实践、优化实践，以重大实践问题推动基础理论研究。加大理论供给。习近平总书记指出，这是一个需要理论而且一定能够产生理论的时代，这是一个需要思想而且一定能够产生思想的时代。中国教育的发展，既要坚持理论指导实践，又要坚持在实践中生成理论。只有在根植于祖国大地的实践中总结提炼出中国教育的内在规律，才能为中国教育学的建构真正作出理论贡献。

中国教育文明意义的进一步彰显，需要深入探索教育规律，丰富发展具有中国特色、世界水平的教育科学理论体系。教育界应当加快构建中国特色、中国风格、中国气派的教育学学科体系、学术体系和话语体系，为加快推进教育现代化、建设教育强国、办好人民满意的教育作出新的更大贡献，为推进文明交流互鉴、构建人类命运共同体、积极参与全球教育治理等提供切实可行的方案。

1.4 数字时代的教育新形态 ①

智慧教育是数字时代最终实现的理想教育形态，与工业时代教育形态有着质的差别，在教育理念、体系结构、教学范式、教育内容、教育治理五个维度具有新的内涵和要求。智慧教育是共同关注的全球议题，各国应增进理念共识、优化发展生态、扩大国际合作，以教育变革开创全球共同发展的美好未来。

当前，新一轮科技革命和产业变革深入发展，数字技术愈发成为驱动人类社会思维方式、组织架构和运作模式发生根本性变革、全方位重塑的引领力量，数据驱动经济社会高质量发展的新格局正在形成。推进教育数字化转型、探索智慧教育是新时代技术进步和生产力发展的必然要求，是数字中国建设的重要组成部分，在中国式现代化进程中具有基础性、先导性、全局性作用。

我国智慧教育发展具有鲜明特色

进入数字时代，工业时代教育形态已无法适应社会发展。推进教育数字化转型、探索智慧教育，受到世界各国共同关注。

我国历来重视信息技术对教育发展的革命性作用，通过持续深入的理论与实践探索，为智慧教育发展奠定了坚实基础。

在教育信息化 1.0 阶段，我国先后实施"校校通"工程、"农村中小学现代远程教育工程""三通两平台""教学点数字教育资源全覆盖""数字校园建设"等重点行动，基本形成覆盖全国的信息化基础设施体系，信息技术应用在教育教学中逐渐普及。

---

① 本文原载于《中国高等教育》2023 年第 15/16 期，原题为《智慧教育是数字时代的教育新形态》，略有改动。

在教育信息化 2.0 阶段，我国相继出台《教育信息化 2.0 行动计划》《中国教育现代化 2035》等政策文件，深入推进数字资源服务普及、数字校园规范建设、网络学习空间覆盖、教育治理能力优化，启动智慧教育示范区建设，初步形成中国教育的数字空间生态。

2022 年，教育部启动实施国家教育数字化战略行动，建成了国家智慧教育公共服务平台，以资源和数据为新生产要素，探索"助学、助教、助管、助研、助交流合作"新模式。

2023 年 3 月 28 日，国家智慧教育读书平台上线，为不同学段学生、社会公众提供了丰富多彩的读书空间。同时，以中国教育科学研究院为代表，通过汇聚国内外实践和研究成果，在凝聚共识中形成了《中国智慧教育蓝皮书（2022）》及 2022 年中国智慧教育发展指数报告，并在世界数字教育大会上发布，为推进教育数字化转型、探索智慧教育提供了智力支撑。

事实证明，我国智慧教育发展具有鲜明特色，即注重以人为本、以办好人民满意的教育为价值引领，注重有教无类、因材施教、知行合一等中华传统教育思想的传承发展，注重自上而下宏观规划推进和自下而上生态构建的系统建设。

智慧教育新形态的内涵与要求

在理论与实践研究基础上，我们认为，智慧教育是数字时代的教育新形态，与工业时代教育形态有着质的差别。实现智慧教育理想，现行学校教育形态将发生系统性跃迁和质变。迈向智慧教育，需要以数字化转型开辟教育改革发展的新赛道。智慧教育是教育数字化转型的重要目标，是未来的教育发展方向。这种教育新形态，在理念、体系、范式、内容、治理五个维度具有新的内涵和要求。

第一，智慧教育的新理念。智慧教育不是对传统教育的局部改善，而是事关国计民生、事关人类未来的整体改革。形成于工业时代早期的传统学校教育体系已无法适应数字时代发展要求，具体表现在"四个脱节"：一是学科间脱节，学科越分越细，相互之间衔接不够；二是学段间脱节，不同学段间完整的知识、能力、思维训练贯通不够；三是知行脱节，比较典型的有价值观和品德教育；四是理论与实践（教学与应用）脱节，缺乏对综合运用各科知识解决问题能力的培养。

智慧教育通过科技赋能和数据驱动，有效破解"四个脱节"问题，为每个学习者提供适合的教育，让因材施教的千年梦想变成现实，将首次历史性地实现微观层面的个人发展与宏观层面的社会发展全面高度统一，为经济社会高质量发展提供系统性人才支撑。

第二，智慧教育的新体系。智慧教育将突破学校教育的边界，推动各种教育类型、资源、要素等多元结合，推进学校、家庭、社会协同育人，构建人人皆学、处处能学、时时可学的高质量个性化终身学习体系。通过建立虚实融合、校内校外贯通衔接的良好生态，形成弹性学制，学生学习不再局限于学校，任何可以实现高质量学习的地方都是学校。制定分级分类在线学习质量标准，按照不同学习时长构建数字认证体系，满足未来社会快速变化的人才需求。打通个人学习记录与社会人才需求对接通道，应用区块链等技术确保个人学习记录安全、永久存储，建立学生在线学习平台和各类就业平台的联结，建立畅通供需对接通道，促使学校育人与社会用人形成良好互动。最终，工业社会学校教育体系将升级为个性化终身学习体系，让每个孩子拥有人生出彩的机会。

第三，智慧教育的新范式。智慧教育将融合物理空间、社会空间和数字空间，创新教育教学场景，促进人技融合，培育跨年级、跨班级、跨学科、跨时空的学习共同体，形成以数据驱动大规模因材施教为核心的教学新范式。智慧教育将以伴随式、无感知、守伦理、保安全的方式，采集教育教学的内容数据、行为生理数据、环境数据，通过深入挖掘分析数据，提升课前教研、课堂教学、课后作业的针对性和科学性。注重激发学生学习兴趣，从发现学生兴趣出发，激发学生学习知识的内在动机，让学生从被动学习者变成主动学习者。未来，跨年级、跨班级、跨学科、跨时空的学习共同体将取代传统班级，成为常态化的基本教学单位。基于数字空间，根据教与学的需要，特定学习共同体可以随时建立、随时解散，充分满足学生的社会性、个性化成长需求，进而实现规模化教育与个性化培养的有机结合。

第四，智慧教育的新内容。数字时代的知识更新速度明显加快，教育内容的质量与容量之间的矛盾越来越迫切，即用即查（学）的知识将逐渐从教育内容中被剥离。数字意识、计算思维、数据素养等构成新的教育内容主体。新媒介技术建立新的教育传播符号及组合，进而建构新的教育内容。数字技术发展引发知识的聚变现象和裂变现象，进一步推动教育内容革命性重塑。智慧教育将聚焦素质教育发展，基于系统化的知识点逻辑关系，建立数字化知识图谱，创新内容呈现方式，让学习成为美好体验，培养学习者的高阶思维能力、综合创新能力、终身学习能力。

第五，智慧教育的新治理。智慧教育将以数据治理为核心，以数智技术为驱动，整体推进教育管理与业务流程再造。与传统业务流程优化不同，智慧教育将全面梳理物理空间传统业务流程，然后抽象建立业务的完整数据流程，运用人工智能技术，统筹数据的处理、流转、存储，以数据治理简化业务流程，最终在数字空间建立新的业务逻辑闭环，完成业务流程再造。智慧教育注重发挥数据要素资源作用，实现部门联动、数据互通、应用集成、资源协同，以数字化提升教育服务能力和学校管理能力，促进管理的精细化、服务的精准化、决策的科学化，提升教育治理体系和治理能力现代化水平。

当前，智慧教育发展还处于起步阶段，主要表现为教育资源的跨时空共享、教育者和学习者的跨时空互动。智慧教育已在促进区域教育均衡、提升底部教育质量、提高师生数字素养与技能等方面显现初步效果。放眼未来，从资源共享到教学范式创新、从师生关系重构到教育流程再造、从人才培养质量提升到全社会知识资本深度开发，智慧教育将全方位赋能教育变革，整体性推进教育数字化转型，革命性重塑教学新范式，系统性建构教育与社会关系新生态。

以教育变革开创全球共同发展的美好未来

智慧教育是世界大势、时代所趋，面临着一系列重大理论与实践问题。如何以教育变革开创全球共同发展的美好未来，需要重点关注三个方面。第一，共同关注智慧教育与数字社会的协同。充分利用各种力量，实现校内外数字教育资源的广泛共享，提升全民数字素养，培养更多数字化创新人才。重视教育链、科技链与产业链的跨界融合，建设开放、优质、有韧性的智慧教育体系，让智慧教育与数字社会携手并进。第二，共同关注智慧教育与数字技术的融合。尽快建立与数字化环境相适应的教育新规范、新标准和监管框架，确保符合伦理、无歧视、有秩序地运用教育资源、算法与数据。建设安全、包容、可持续健康发展的智慧教育新形态。第三，共同关注智慧教育发展的新特征、新趋势。加强对智慧教育改变传统教育理念、教学方式、组织模式的探讨，促进教育范式变革，引领新一轮学习革命。用数字技术驱动智慧教育发展，探索破解教育质量、公平、效率难以兼顾的三角难题。

人类是一个命运共同体。迎接数字时代，服务数字社会，培养数字公民，需要全世界共同努力。一是增进理念共识。智慧教育是新生事物，当前对其内在规律把握不足、对其外在影响认识不够。可以通过倡议共同开展智慧教育研究，增进对智慧教育规律与作用的认识。建议通过设立常规性国际会议、成立专门国际学术组织、创办专业国际学术期刊等方式，持续深入探索智慧教育的根本特性与多元价值，形成对智慧教育的广泛共识，共同推进教育范式变革。二是优化发展生态。建设高质量智慧教育体系，既需要智慧教育的快速发展，也需要构建良好的全球教育生态。倡议共同创建国际智慧教育联盟，优化智慧教育的设施、标准、法规等国际生态。协助欠发达国家和地区提升教育数字化基础设施水平，共建智慧教育相关通用标准，协调数字教育相关法规制定，完善智慧教育治理机制，推动实现国际智慧教育的互联互通。三是扩大国际合作。数字化是智慧教育的技术基础，数据的多元化应用与分享是其基础与价值所在。倡议促进智慧教育和数字教育资源的共建共享，推动构建全球智慧教育共同体。通过数字技术在教育领域的融合应用，加强国际智慧教育的优势互补，让智慧教育造福全人类。

1.5 生成式 AI 对教育的影响 [①]

创新是人类进步的阶梯，是社会发展的引擎。我对"学校作为创新驱动者"的理解是，这意味着学校既是创新社会的驱动者，又是创新学生的驱动者，还是创新教育的驱动者。这是一个极为重要的主题，体现了时代的要求，赋予学校新的内涵和使命。

新一代人工智能技术是人类创新的结果。ChatGPT 是新一代人工智能技术的突出代表，其技术突破源于大规模算力，赋予大语言模型应用级逻辑推理能力。这种机器概率推理首次接近人脑概念推理的效果。因此，ChatGPT 一面世，便迅速在全球教育界引发热议。与历史上书写、印刷、电子技术改变教育一样，以 ChatGPT 为代表的新一代人工智能技术也必将对教育产生深远影响。

第一，新一代人工智能技术将迭代教育价值，从知识本位走向素养本位。人工智能时代，知识学习将更多由 AI 辅助完成。AI 使知识"字典化"，学生需要时，可以随时向 AI 问询，进行"查字典"活动。因此，未来教育中更有价值的是学生基于知识学习的素养发展。我们注意到，经济合作与发展组织（OECD）前瞻性地提出了核心素养模型（DeSeCo），引领着全球教育思潮，推动着很多国家进行教育转型升级。

第二，新一代人工智能技术将变革教学方式，从结果分数驱动走向过程数据驱动。数据、算法、算力是人工智能技术的核心。过去的教学靠结果分数来评价，教学方式的选择围绕结果分数进行，教学方式的改变由结果分数来决定。AI 出现以后，师生教与学的数据特别是行为数据，得以即时记录、保存、分析和反馈。教与学的方式将发生深刻变革，混合式学习、翻转学习、泛在学习、自

[①] 本文系作者 2023 年 5 月在经济合作与发展组织（OECD）"学校作为创新驱动者"研讨会（巴黎）上的发言。

适应学习、个性化学习将成为常态，因材施教、伴随式评价得以发生。

第三，新一代人工智能技术将重塑师生关系，从"人—人"关系走向"师—机—生"关系。AI 会不会取代教师？我们认为，这不会发生，但人工智能可以赋能教师。我们团队提出了"复合教师"的概念，并正在开展复合教师生成技术研究。该研究设想，把优秀教师的素质结构解构出来，将这些素质通过预训练模型给机器赋能，打造虚拟教师。这样，传统的师生关系就转变为"师—机—生"关系，形成新的育人生态。

第四，新一代人工智能技术将再造教学环境，从传统课堂走向数字学习空间。在人工智能技术的支持下，学习可以突破时空限制，人人、时时、处处皆可学，资源丰富可及、使用便利友好的数字学习空间横空出世。2022 年，我国启动国家教育数字化战略行动，建成了国家智慧教育公共服务平台。截至目前，其总浏览量近 70 亿次，访客量超过 10 亿人次。该平台连接 52.9 万所学校，面向 1844 万名教师、2.91 亿名在校生及广大社会学习者，成为世界最大的教育资源中心。这些资源与校本资源连接，形成了学校的数据大脑，构建出开放、共享、可感知、可分析的新型教学环境。

以 ChatGPT 为代表的新一代人工智能技术对教育的影响才刚刚开始。对此，我们应该用科学理性的态度来把握技术的本质特征及潜力，对技术进行综合审视和哲学思考，对技术突破保持关注与警觉，更好地理解和发掘技术在教育领域的潜在价值。

正如法国哲学家贝尔纳·斯蒂格勒（Bernard Stiegler）所说，技术对于人来说，不是消极的、沉沦的因素，而是积极的、历史的建构。面向未来，面对不确定性，我们最好的态度就是拥抱。

以数字化引领
教育现代化

习近平总书记明确指出，"没有信息化，就没有现代化"。

工业时代，资本发挥功能性与社会性统一的作用，统筹社会资源，提升社会效率，推动技术进步和生产力发展。随着数字技术发展和日益普及，数据担负起统筹社会资源、提升社会效率的责任，形成生产和消费扁平化连接。数据驱动数字社会发展的新格局正在形成。教育数字化转型是社会数字化转型的一个部分。

数字技术代表先进生产力，推动人类社会进入数字时代，形成以数字经济为核心的新经济基础，进而影响作为上层建筑组成部分的教育随之改变。同时，数字技术作为一种新媒介，将物理空间的人与物开创性地完全数据化并联结一体，建立了任意两者间相互联系和作用的可能。而在人类历史上，"一种新媒介的长处将导致一种新文明的产生"。最终占据主导地位的新媒介都会引发社会变革，重塑新的教育形态。

2.1 教育现代化就是教育信息化 ①

信息技术对教育发展具有革命性影响，值得期待。加快实现教育现代化，需要教育信息化的质变发展。目前的教育信息化还处于量变积累过程中。

没有信息化，就没有现代化

习近平总书记曾经明确，"没有信息化，就没有现代化"。党的十九大报告中，明确提出要"加快教育现代化，办好人民满意的教育"。信息化是教育现代化的本质特征，也是教育现代化的动力引擎。加快实现教育现代化的目标，需要教育信息化的质变发展。

什么是现代化？最适合当前生产力和社会发展的，就是现代的。并不是做到最好或是领先就是现代化，教育现代化必须是人民满意的教育。

自从"PISA"（国际学生评估项目）引进中国以来，每三年一次的这项国际教育比较研究，上海的成绩都令世人瞩目。连续两次的国际测试，上海学生均获得第一，在数学、阅读和科学三项评价中蝉联冠军。但是，家长仍然争相给孩子课外补习，这引起我们的反思。上海基础教育整体水平，包括底部水平，在国际上居于前列，不充分不均衡的状况不断得到改善，为什么仍有相当广泛社会焦虑？这不是单纯的教育水平问题，主要是教育理念的问题，也是社会认识的问题。不能任凭孩子把最快乐的童年、青少年时光贡献给课外辅导班、并不擅长的特长培训，甚至无意义的重复训练。这实际是层层传导的社会压力和群体性焦虑所导致的，家长、学生乃至社会，都已经陷入了这个"怪圈"。

100 分的卷子，自己的孩子得了 90 分，别人的孩子得了 91 分，家长就会焦

---

① 本文为作者任上海市教委副主任时应邀在"2017 中国高校 CIO 论坛"上所作的主题发言。

虑，因为他们认为这意味着可能上不了好的高中，进不了985大学，失去更好的就业机会。而这种焦虑，实际上迫使更多的孩子被迫接受超前教育，接受题海战术。教育信息化可以通过实现过程评价和能力评价，推进个性化教育和发展，来化解这样的矛盾和焦虑。上海要实现教育信息化和教育现代化，是生产力和社会发展的需要，更是办人民满意教育的需要。

教育手段信息化是量变

教育信息化在中国已经发展了30年。近年来，信息技术在教育领域的应用层出不穷、百花齐放，云计算、大数据、人工智能……几乎所有先进的互联网创新技术，都能在学校尤其是高校里见到它们的身影。虽然看起来一片繁荣，但这些只是教育手段的信息化，是展示方式和传播方式的生动化和形象化，并没有给教育本身带来实质性改变，教育并没有被新一代信息技术"化"掉。

教育信息化一直处于量变之中，并没有达到质变。标志有两点：一是教育信息化应用并没有实现常态化。教育管理应用了信息技术，教育教学没有应用，用了也是偶尔用之；二是教育的理念、体系、内容还是基于工业社会建立起来的传统模式。所以，当前的阶段应称为"质变前夕的教育信息化"。

信息技术对教育的影响分宏观和微观两个方面。从宏观层面来看，信息技术作为一种先进生产力的主体，推动人类社会进入了信息社会，社会发展要求教育进行相应的改变，就是应信息社会之需，建构新的教育理念，并在新的理念指导下，建立新的教育体系、内容和方式。从微观层面来说，信息技术作为一种新的传播方式，必将带来教与学的革命性改变。这两个层面决定了教育应当也必然发生革命性的变化。可以说，目前的教育信息化尚处于微观层面的量变过程。

教育质变需要理念的信息化

当前以学校为主体的教育体系是300年前随着西方工业社会的发展需要而

建立起来的。学校如工厂，学生接受大规模、同质化、程序化、标准化的培养。应当认识到，这在大众教育普及阶段发挥了积极作用。然而，现有的教育体系越来越不适应信息社会发展需要，破旧立新是早晚的事。实现教育信息化，就是要培养未来信息时代所需要的人才，要在信息时代建立适应信息社会的教育新理念、体系、内容、结构，或者说，教育要根据信息社会的要求进行一次重构，需要自上而下的顶层设计和变革，修修补补是不够的。这是新理念指导下的一场教育革命，《国家中长期教育发展纲要》中提到的，信息技术对教育具有革命性影响，应该就是这个意思。

教育理念的信息化首先是在宏观上，根据国家和社会发展的需要，根据人民对美好生活期待的需要，将工业社会的人才培养方式转变为信息社会的人才培养方式。以习近平新时代中国特色社会主义思想为指导，建构新时代中国特色社会主义教育理念，指导加快教育现代化建设。理念的转变是关键的，根本的。进入信息时代，已经具备了同质化人才培养向个性化人才培养转变的技术基础。回归到中华传统文化倡导的"因材施教"的教育理念上，应是新时代教育信息化改革发展的指引。人们呼吁教育的回归，首先是呼吁"因材施教"教育核心理念的回归，教育在信息时代里的发展，其需求是个性化的发展，而不是工业化的一个模子里出来的生产线产品。信息社会的技术发展，让个性化教学有了技术基础，使得我们完全有可能实现。

其次是在微观上，就是教与学的革命性变革。目前的教育信息化，在教与学方面有很多创新，百花齐放，在提升师生信息素养、教育管理水平和教学效果方面，积累了非常丰富的案例。上海闵行区的教育管理、闸北八中的常态化应用、黄浦区卢湾一中心小学的深度融合，都具有非常好的启示作用。但绝大多数还停留在投影和电子传输（邮箱、空间、微信）应用上，远未达到质变，"常态化"也很少。教学中简单使用投影和平板展示教学内容并不能算真正的教育信息化。教育手段信息化效果也要一分为二地评价，有的学校前一节课在信息化教室，后一节课就回到传统课堂，公开课在信息化教室，学科教育回到传统课堂，这都不是信息化，只是点缀。大多数学校都在实践信息技术应用到教与学，但是基本没有学校实现常态化使用。大多数学校实现的是教育管理的信息化，教学的信息化还只在初级阶段，用信息时代的思维来重新确立该教什么、怎么教、如何评、如何管还远远不够，证明教育信息化仍然任重道远。

教育信息化任重道远，要不忘初心

分析当前信息技术与课堂教学融合的现状，我认为，距离真正的教育信息化还有质的区别。教育信息化不是赶时髦，不是跟着新技术走秀，更不是锦上添花式的点缀，或是脉冲式的应用，而是全新理念指导下的重构和常态化应用。缺乏顶层设计，缺乏信息化整体生态，很难实现真正的教育信息化。

2017 年初，上海市教委发布了"十三五"教育信息化规划，提出"一网三中心两平台"的建设框架，这是上海市教委对信息化未来几年的顶层设计蓝图。该蓝图从基础接入、安全保障、数据统一、应用优化、资源建设、示范引领和平台搭建等方面做出了规划，其实现与发展最大的挑战在理念转变，最大的不确定性在技术之外，涉及的范围越广难度越大，因此相应部门的支持和理解非常重要。

在这一蓝图中，不仅有架构重组、流程再造、内容重构，甚至包括价值观的重塑。价值观决定未来我们做什么，不做什么，这无疑会影响到很多现有的工作习惯以及利益，也是最大的挑战。信息技术革命性地改造商业（网购）、工业（智能制造）、金融业（移动支付）等都是资本逐利在强力驱动，驱动教育革命的动力何在？起码不是资本。

蓝图中的"一网"就是上海教育城域网。基于"独立成网、统一对外"的建设理念，上海市目前已经建成了拥有总长 2100 皮长公里专用光缆的教育城域网，建设了 37 个主干节点，覆盖全市所有区县、高校、中职学校和大部分教育直属单位，实现了宽带网络"校校通"。上海教育城域网十分重要，一是安全保障的基础，二是教育云建设和使用的基础，也就是效率和效益的基础，三是科学规范有序管理的基础。

信息社会里，技术日新月异，最具核心价值的就是数据。未来上海市教育信息化要打破长期以来信息孤岛问题的僵局，重点是实现数据的统一。用统

一、也是唯一的数据联通信息孤岛，规范数据的采集、保存、使用，这是统一数据管理所要考虑的内容。

在上海教育信息化的规划蓝图中，还有两个令人眼前一亮，但同时困难重重的目标，一是项目管理图谱，一是教育资源图谱。

当前，一方面存在信息化项目低水平重复交叉、虎头蛇尾的现象，另一方面存在着应用单位不知道如何建、具体建什么、找谁建的难题。项目图谱是针对项目管理上存在的异化问题，将所有的项目分类、梳理、公开，形成一个项目关系图谱，公开比建，互相借鉴，从而实现项目的自学习、自适应、自约束和自管理，这对未来教育信息化建设项目理想决策和作用效能发挥具有重要的价值。

如果说项目图谱尚且是在教育管理信息化层面进行变革和创新，而资源图谱则是在信息技术与教育深度融合的创新上迈出一大步。

"巧妇难为无米之炊"，一直以来，教育资源的匮乏是教育信息化的瓶颈问题。如何建立相应的机制，最大程度地发挥教师的能动性，让他们共同主动创造内容，这恰恰是解决这个瓶颈问题的根源所在。慕课的发展，一度让大家看到了希望，然而目前慕课发展模式也引起了反思。一是违背了网络规律，没有建立起一种用户制造内容的机制。事实证明，成功的网络应用都是用户制造内容，如微信、维基百科等。政府、专业机构、少数个人筹划建立公共内容的尝试都失败了。二是违背了教育规律。人的成长重在因材施教，目前慕课发展更像是工业社会大规模人才生产方式的"嘉年华"。

筹划中的资源图谱，将根据课程标准设置近10万个知识点，发动上海近20万名教师和近4000所教育机构共同建设，实现资源多样化、系统化、低结构、智能化组合。平台上的资源都真正做到用户生产内容、选择内容、使用内容和更新内容，甚至创造内容。同时，将研究配套设置一整套相应的激励机制，鼓励教师上传资源，认定教师的知识产权和成果，以政策和机制促进资源汇聚、使用和不断进化。

上海的教育资源图谱将重点发挥机制和政策的作用，以需求导向为核心，让教育回归到因材施教、个性化发展的路子上来，以资源建设促进教师专业成长，把上海教师的智慧通过互联网实现充分的共享，减少教育发展的不平衡问题。

2.2　教育数字化转型的战略构想与实践探索 ①

人类社会正在从工业时代进入数字时代。社会数字化转型是技术进步和生产力发展的必然，也是新生产关系和人类命运共同体建构的基础。社会发展中教育的基础性、先导性、全局性作用，更加赋予教育数字化转型战略意义。当前，贯彻国家关于数字中国、教育强国战略部署，聚焦"更新教育理念，变革教育模式"，[1] 推进教育数字化转型战略行动势在必行。

教育数字化转型的战略意义

教育数字化转型不同于教育信息化。正确推进教育数字化转型，必须准确理解和把握信息化、数字化、数字化转型的本质不同。

信息化，是教育教学过程在物理空间闭环完成，信息技术辅助。数字化，是建立物理空间映射而成的孪生数字空间，教育教学过程在数字空间建立逻辑闭环，调用物理空间元素实现。数字化转型，是以数据要素为基础，统筹物理空间和数字空间教育教学元素，实现育人全过程深度优化融合，基于数字空间，更新教育理念，建构教育教学新范式，建立教育新体系。

教育信息化在中国发展 30 多年来，不断将信息技术融入人才培养，深化教育改革，提升教育质量，促进教育均衡，造就了一大批高层次信息技术人才，培养了一代又一代具有一定信息素养与技能的社会主义建设者和接班人，奠定了网络强国的人力资源基础。但是，受限于技术发展和意识提升普及，教育教学仍是工业时代建立的传统学校范式，总体上看，教育信息化还基本停留在对教育内容呈现、传播、存储、检索、统计等方式的优化，主要是教育手段的信息

---

① 本文原载于《人民教育》2022 年第 7 期。

化，是对传统教育的局部表面形式上的改善。

随着数字技术迅猛发展和日益普及，物理空间全部可数字化，教育全过程全要素可数字化标识、可计算、可存储，教育数字化转型将是围绕"更新教育理念，变革教育模式"的教育深层改变。从改善到改变，如果说教育信息化是技术推动教育发展的量变过程，教育数字化转型则是多年量变积累基础上的质变过程。

教育数字化转型是新时代技术进步和生产力发展的必然。工业时代，资本发挥功能性与社会性统一的作用，统筹社会资源，提升社会效率，推动技术进步和生产力发展。随着数字技术发展和日益普及，数据担负起统筹社会资源、提升社会效率的责任，形成生产和消费扁平化连接。数据驱动数字社会发展的新格局正在形成。教育数字化转型是社会数字化转型的一个部分。

技术进步作用于教育，分宏观和微观两个层面。从宏观上看，一方面，数字技术代表先进生产力，推动人类社会进入数字时代，形成以数字经济为核心的新经济基础，进而影响作为上层建筑组成部分的教育随之改变。另一方面，数字技术作为一种新媒介，将物理空间的人与物开创性地完全数据化并联结一体，建立了任意两者间相互联系和作用的可能。而在人类历史上，"一种新媒介的长处将导致一种新文明的产生"。[2] 最终占据主导地位的新媒介都会引发社会变革，建构新的社会关系和社会结构，开创新的社会生活和社会行为方式，重塑新的教育形态。[3]

从微观层面看，教育是一种传播实践，数字技术是一种新媒介。作为新媒介的数字技术改变作为传播的教育，是发展的必然。这种改变一般分两个阶段：第一阶段，新技术直接作用于教育教学的具体传播过程，局部改善教育传播效率和效果；第二阶段，新技术优化整个教育教学流程，形成教与学的新范式，全面改变教育传播效率和效果。

总之，新时代的技术进步和生产力发展对教育数字化转型提出了要求，也提供了可能。

教育数字化转型是新时代教育强国战略的要求。百年大计，教育为本。新中国成立 70 多年来，教育为国家经济、科技、社会发展培养大量人才，厚植人力资源基础，发挥了不可或缺的基础性、战略性、先导性重要作用。但是随着发展也出现一些深层次矛盾，在传统教育理念和体系下，虽持续努力和深化改革仍难以解决，甚至因深入发力造成边际效益为负的内卷。

究其根源，这些问题和矛盾是工业时代的教育理念和教育体系无法适应数字时代发展要求造成的。工业时代的教育理念服务于扩大再生产及社会财富最大化。工业时代的教育体系，一方面通过筛选机制让优质资源集中在精英培养上，另一方面通过标准化、知识复制来实现大规模社会化生产协作所需要的大量同质化、功能化劳动力的生产。义务教育阶段受教育者需要统一储备全部可能用到的基础知识。

数字化转型是解决上述深层次矛盾的基础。具体而言，就是要以数字时代教育理念指导建立新时代高质量教育体系，建构新的教育教学范式，提升全体国民数字素养与技能，培育创新策源能力，促进社会公平，落实教育强国战略。

教育数字化转型是办好人民满意教育的需要。教育是民生之基，关系到千家万户的幸福和每个人的成长。所有人都希望教育越办越好。近年来，教育综合改革实践证明，有些难题靠单纯"发力"已难以破解。例如教育质量提升的同时，家长焦虑也在提升；义务教育普及、教育底部有效托举的同时，社会阶层固化也在加剧。究其原因，除教育内部有改革改善空间外，一方面是教育外部社会矛盾综合投射所致；另一方面，根本原因还是当前沿用的工业时代的教育理念、教育体系和教育内容已经不适应数字时代发展要求。

人们对美好未来的向往和日新月异的技术进步，不断对教育提出更高要求。形成于工业时代早期的传统学校教育体系已无法适应数字时代发展要求，具体表现在四个脱节：一是学科间脱节，学科越分越细，相互之间衔接不够；二是学段间脱节，师生主要精力聚焦中高考，不同学段间完整的知识、能力、思维训练贯通不够；三是知行间脱节，比较典型的有价值观和品德教育；四是理论与实践（教学与应用）脱节，缺乏对综合运用各科知识解决问题能力的培养。四个脱节严重影响教育成就美好人生梦想的实现，影响办好人民满意的教育。

随着数字技术发展，数据驱动因材施教，为更高质量的教育公平提供可能。传统教育公平主要是指教育机会的公平。让每个学生享有同样高质量受教育机会，是典型工业时代教育理念下的教育公平。但是，每个学生"适合学什么""适合学到什么深度""适合什么学习方式"各不相同。最适合的教育才是真正高质量的教育，同等的教育机会未必是最适合的教育。运用数字技术，发掘学生潜质，让适合学数学的学生对数学更感兴趣，更深入学习数学，安排更高水平教师辅导；对适合学艺术的学生，降低数学学习深度，节约时间和资源请更高水平艺术教师辅导。在享有均等选择机会基础上，为每个学生人生出彩提供适合其本人的教育，并指导其实现，是数字技术独有优势能力的展现，也是教育数字化转型下更高质量教育公平的核心要义。

教育数字化转型的战略构想

教育数字化转型，不能简单理解为对传统教育的改善，不是微观局部技术应用的迭代升级，而是围绕理念更新和模式变革的系统性改变。应该强调，尽管是系统性甚至革命性改变，教育促进人的发展和社会发展的宗旨不会变，教育培养社会主义建设者和接班人的根本任务不会变，按教育规律办事，依人才成长规律育人，必须坚持。

教育数字化转型的战略构想主要包括以下几方面。

1. 提升全民数字素养与技能

教育的根本任务是立德树人。全面提升社会主义建设者和接班人的数字素养与技能，是教育数字化转型的根本目标。

数字素养与技能是数字社会公民学习工作生活应具备的数字获取、制作、使用、评价、交互、分享、创新、安全保障、伦理道德等一系列素质与能力的集合。提升全民数字素养与技能是建设网络强国、数字中国的一项基础性、战略性、先导性工作。[4]培养具有数字意识、数字化逻辑思维、终身学习能力和社会共同体责任感的数字公民，激发全民建设网络强国和数字中国的积极性、主动性、创造性，提升全民数字化适应力、胜任力、创造力，是开启全面建设社会主义现代化国家新征程和向第二个百年奋斗目标进军的动力源泉。

提升广大学生数字素养与技能教育水平，一是加强顶层设计。围绕系统化培育数字意识、数字化逻辑思维，在国民教育体系内将相关内容全面融入各个学科。同时，建立大中小幼一体化课程体系，设立必修课程，编写专门教材，打造实习实训基地，开展相关课外活动，创新跨学科数字人才培养机制，鼓励学生运用数字技术创新创业。二是不断优化学生数字素养与技能发展环境。提升教师运用数字技术改进教育教学的意识和能力。全面推进数字孪生学校建设。不断丰富全社会数字资源供给。三是完善数字技能职业教育培训体系。建设数字技能认证体系与终身教育服务平台。四是强化数字道德伦理规范。引导科学合理使用数字产品和服务，深化网络诚信建设，培育数字获取、制作、使用、交互、分享、创新等过程中的道德伦理意识，形成良好行为规范。

2. 创建高质量个性化终身学习体系

一个适应新时代发展需要的高质量教育体系，是教育数字化转型的具体呈现。创建的基本遵循是：办好人民满意教育，让每个孩子享有人生出彩的机会。核心是"以人为本"，关键在"因材施教"，动力源于学习者兴趣，数据驱动大规模因材施教成为新的教育核心范式。为每个人提供最适合的教育，不仅成为可能，而且成为首要指向。

——聚焦人的全面健康快乐成长，设计更具弹性的个性化学制。根据人的成长规律和认知规律，在学生身心成长过程中，基于实践和基于教材的认知过程应该交错，身心健康强壮应该并重，德智体美劳"五育"应该知行合一。读万卷书，行万里路。探索面向个人生涯设计的弹性学制。如以天、周、月甚至年为单位，个性化统筹系统安排时间。幼童期围绕身体发育，建立对生命空间更加系统的感性认知；儿童期在阳光下，建立对自然空间更加系统的感性认知；少年期在社会实践中，建立对社会空间更加系统的感性认知。在建立系统化感性认知的基础上，根据个人成长和社会发展需要，有针对性地深化理性认知，将工业社会学校教育体系最终升级为个性化终身学习体系。

——建构大规模个性化自主探究学习范式。学校可能不会消失，模式将会改变。跨年级、跨班级、跨学科、跨时空的学习共同体取代传统班级成为常态化的基本教学单位。基于数字空间，根据教或学的需要，特定学习共同体可以随时建立、随时解散。充分满足学习社会性与个性化结合的要求。通过更适合的学习生态，为每个学生提供更加适合的教育。通过为每个学生提供适合的教育，实现更高质量的基本公共教育服务均衡。

——以学习者为中心。不再像工业社会教育工厂那样以教师为中心。在以学习者为中心的新体系中，通过数字技术，教师帮助学习者发掘个人潜质，激发学习兴趣，指导、督促学习者在其最具天资、最感兴趣的领域，用最科学、最有效的方式自主学习，争取成就个人在社会中的最大价值。需要强调的是，在现有人工智能科学和脑科学获得革命性突破前，尽管教师不再是教学过程的主体和中心，但是仍然起着无法替代的主导作用，数字技术还难以替代教师在教学过程中的智慧。简而言之，人工智能无法取代教师，但可以赋能教师。

——将工业社会备用式知识学习升级为学习者能力建构。目前，基础教育内容组成还是沿用工业时代建立之初的方式，即让所有学生共同学习储备可能用到的几乎全部基础知识。知识爆炸时代，新知识大约每两年翻一番，教育教学压力越来越大，改革腾挪空间越来越小，解决教育内容的质量与容量间矛盾越来越迫切。

随着数字技术深入广泛应用，可即用即查（学）的知识将逐渐从教育内容中被剥离。数字意识、计算思维、数据治理和综合创新能力构成新的教育内容主体。新媒介技术建立新的教育传播符号及组合，进而建构新的教育内容。数字技术发展引发知识的聚变现象和裂变现象，进一步推动教育内容革命性重塑。需要注意的是，教育内容的冗余和碎片化会带来新的隐忧。

3. 深入推进教育教学变革

教学是教育的核心。教学变革是教育数字化转型的核心。数据驱动大规模因材施教是教育教学变革的核心。教育数字化转型下的教育教学变革，通过数据链接物理空间和孪生数字空间，基于数字空间建立逻辑闭环，建构教育教学新范式。具体主要包括：

——数据驱动大规模因材施教。首先是基于数据开展有针对性的教研教学。以伴随式、无感知、守伦理、保安全方式，采集教育教学的内容数据、行为生理数据、环境数据。通过深入挖掘分析数据，提升课前教研、课堂教学、课后作业的针对性和科学性。其次是注重激发学生学习兴趣。就像叫不醒一个装睡的人一样，教师无论如何都教不好一个对所学内容不感兴趣的学生。数据可以帮助教师，从发现学生固有兴趣出发，激发学生对所学知识的兴趣。事实证明，效果明显。最后是注重发掘学生潜质。通过数据，针对学生的天资优势，为每个学生提供适合的教育，助其走上更具潜力的发展路径。

——数据驱动的全过程全要素评价。传统教育评价主要采用考试方式，以样本代表全部，以某一时点代表常态，从某一时刻局部定量分析，推出常态整体定性结果，不可避免地存在一定误差。大量异化考试的针对性方法积弊日深，成为影响教育健康发展的一大难题。根本解决上述问题，需要实现全过程全要素评价。完整的数据和有效的模型是必要条件。通过教育数字化转型，加强教育评价数据治理。建立学生成长、教师发展数字画像。基于大数据，优化评价模型，重构教育评价机制。改进结果评价，强化过程评价，探索增值评价。

——数字技术驱动教育教学场景创新。发展基于人工智能的探究式、个性化教学，基于增强现实和虚拟现实等技术的沉浸式、体验式教学，基于新一代通信技术的远端多点协作式教学，基于区块链技术的优质资源分享机制，基于元宇宙技术的游戏化学习范式，基于低代码轻应用的用户参与建构的教育教学新生态，基于人技协同赋能教师。学前教育聚焦健康饮食、科学作息、积极沟通的游戏化应用；基础教育聚焦丰富认知、激发兴趣、养成良习的生态型应用；职业教育聚焦基于真实职场环境与完整工作流程的虚拟仿真实训平台；高等教育一方面聚焦提升人才培养和科学研究效率的数字化应用，另一方面聚焦深化数字化转型的前沿科技理论和应用研究，以及高层次数字人才培养。

4. 系统建设教育数字资源

教育数字资源比普通教育资源的内涵和外延丰富。包括教材、教案、教辅、习题、教学（课上与课下）实录等，也包括数字化的工具、平台、应用等。广义上，包括数字化教育体系下一切服务学生学习的人员、软件、硬件和环境等。形式上，包括图形、文字、语音、视频，也包括基于虚拟现实、增强现实等数字化技术呈现形式。本质上，教育数字资源具有明显优于传统教育资源的特征。

——基于系统化的知识点逻辑关系网络建立知识图谱。传统教育内容一般由越分越细、相对独立的一个个知识点无序集合组成。知识点在教材中被人为设定了学习顺序，只能是线性的，难以全面准确体现知识点间逻辑关系。实际上，知识点间存在着至少是网状立体结构的复杂逻辑关系。教育数字资源可以完整地体现这种复杂逻辑关系。从认知原点出发，学习每个知识点都有若干需要预先掌握的基础知识点，可以称之为前序知识点。前序知识点又可以简单分为：必须提前掌握的必学前序知识点和辅学前序知识点。每个知识点同时是前序知识点的后序知识点。所有知识点依照逻辑关系组成一个系统化关系网络，称之为知识图谱。知识图谱是数字化教育体系下以学生发展为中心的自主学习的基础。其跨学科属性从根本上纠正了传统学科过度细分带来的教育的异化。据此特征，传统教育资源的电子化并不是真正的教育数字资源。

——以超现实呈现方式，赋能资源，提升教学效果。传统教育内容呈现形式主要是描述，编码解码主体方式是文字和语言，辅之以图表和视频。增强现实（AR）技术，让学生直接看、听、感受到原本能力不及的真实样态和本质。如豌豆种子在土壤中发芽过程，时间跨度为 21 天，空间局限在无法观测的土壤中。但是通过特殊设备摄录，在一两分钟内快速播放，学生可以非常清晰直观地看到其真实完整过程。类似的，虚拟现实（VR）技术通过数字技术模拟真实场景，学生可以非常清晰直观地了解到：人体内血液流动工作情况，天体间相对运动轨迹与规律，各种金属放入王水中反应的过程与原理，等等。总之，教育内容经过数字技术加工，让学习者更准确感知本来样态，更容易把握到真实本原。

——数字化教育内容还是学习者建立学习共同体的平台节点。教学过程中，与特定教育内容建立关系的学习者形成动态的学习共同体。这种现象将学习者的特性不断附着在相应教育内容上，赋予其活力和成长性。

——优质资源和应用共享，可有力促进高质量的校际均衡和区域均衡。数字化内容分享和应用系统复用的边际成本极低，迁移与使用对技术和设备的要求相对也不高，利于优质内容资源大规模覆盖薄弱校，利于成熟好用的应用系统广泛复用到空白校，对于抬高底部、促进高质量教育均衡效果明显。2020 年疫情下上海大规模在线教育中还发现，优质教育资源共享在促进薄弱校教师教学水平和激发强校教师活力方面同样效果明显。但是需要清醒认识到，优质资源和应用的共享，并不能解决教育发展到工业时代与数字时代交汇期面临的矛盾和深层次问题。

5. 整体推进教育管理与服务业务流程再造

与传统业务流程优化不同，教育数字化转型下教育管理与服务的业务流程再造，首先需要全面梳理物理空间传统业务流程，然后抽象建立业务的完整数据流程，运用智能技术，统筹数据的处理、流转、存储，以数据治理简化业务流程，最终在数字空间建立新的业务逻辑闭环，调用必要物理元素，完成业务流程再造。

以在上海申领中小学教师资格证为例。2019 年前，申领者需要提供 10 份材料，至少跑 7 个地方，与 11 个部门打交道，两次到现场。数字化流程再造后，经过数据治理，目前全部材料在线调档，自动化比对处理，申领者只需要到一个地方体检，其他流程不必到现场即可完成。业务人员工作效率和工作质量大大提升，业务流程减少了 15 个工作日。

发挥数据要素资源作用，实现部门联动、数据互通、应用集成、资源协同，以数字化提升教育政务服务和学校管理能级，促进管理的精细化、服务的精准化、决策的科学化，不仅可以提升效率，更可以提升质量。

教育数字化转型的实践探索

教育数字化转型是一项创新、复杂的社会系统工程，关系民族复兴大业，涉及千家万户，实施难度大、风险高，理应先立后破，谋定而动。一是需要统一认识和明确目标。二是应围绕育人为本，强化顶层设计，加强行业、区域统筹规划。从上到下规划，从下到上建设。以学校为最小单位推进实施。三是坚持系统推进，整体规划，分步实施，试点探索，示范引领。四是坚持多元协同。充分调动政产学研社各方力量，协同推进教育数字化转型理论研究、技术攻关、实践创新、社会协同。五是坚持安全稳妥。围绕数据、技术、系统、网络等方面安全，加快构建与教育数字化转型相适应的安全生态。虽势在必行、迫在眉睫，但要认识到，教育数字化转型需要一个过程，任重道艰。必须把握好几个关键点。

1. 以"数据治理"作为教育数字化转型的核心

教育数字化转型，从物理空间到数字空间都离不开数据。数据是数字空间的基本构成，也是物理空间的重要资源，更是联结二者的纽带。以数据为核心要素，以数据治理为核心工作，是教育数字化转型的核心。

——数据是连接一切的核心。互联网将计算设备连接在一起，物联网将物理空间各种元素连接进来，移动网络将人连接进来，最终自然空间、社会空间、生命空间连接一体，投射形成数字空间。所有这些连接都是通过数据。

信息化过程中形成一些应用的孤岛、系统的孤岛、数据的孤岛，根源主要在于数据没有联通。如果将所有孤岛的数据汇聚成一个湖，孤岛也就连为一体了。这样才能形成一体化数字空间。一体化是数字空间的本质特征。

上海教育数字化转型是在大量信息化建设和数字化建设基础上规划的。《上海市教育数字化转型实施方案（2021—2023）》要求：原则上，所有系统和平台的数据，源自学生、教师、教育机构三个核心数据库，加工处理后最终返回三个原来数据库，一数一源。通过数据一致性，实现应用一体化。

——数据是唯一最终能沉淀下来的财富。无论是信息化过程还是数字化转型，随着科技迅猛发展，无论多么先进和高成本的硬件和软件最终都会如浮云飘过般被迭代升级，只有数据历久弥新，最终沉淀成为宝贵财富，并且随着挖掘、加工、计算、应用能力提升，不断焕发新的价值。未经有效索引和存储的数据，不能保证未来可被开发，甚至可能沦为"垃圾"。可见，无论当下还是未来，数据治理是实现数据价值的前提条件。

——统一数据标准、统一管理是数据治理的基础。通过数据将数字空间连为一体，首先要统一数据标准，统一数据管理。这是数据治理的基础，也是教育数字化转型的基础。统一数据标准，统一数据管理，是政府应担负的责任。

上海教育数字化转型特别强调标准规范引领。为此，成立"上海教育数字化转型标准委员会"，由政府、行业、企业和一线专家组成，负责制定一系列数字化建设标准。已印发覆盖全部学段的学校信息化（数字化）建设标准或指南，已初步建立教育数据规范体系，发布《上海教育数据管理办法（试行）》《上海教育管理基础信息分类与代码（试行）》《上海教育数据质量管理规范（试行）》

《上海教育数据安全管理规范（试行）》《上海教育市级数据资源管理技术平台数据集成技术规范（试行）》《上海教育市级数据资源管理技术平台数据服务管理规范（试行）》等。此外，研究制定了约30万字的上海《学校数字基座需求说明与建设标准》。

——数据治理是解决现实问题的关键。数字化转型，建立数字空间，根本指向是更有效地解决现实教育问题。

通过学习资源数据治理，运用增强现实和虚拟现实技术，激发学习兴趣，解决学生动力不足问题；建立基于知识点逻辑关联的全息知识图谱，推动个性化自主探究学习，解决学生学习能力不足和创新能力不强问题。

通过学习行为数据治理，以大数据驱动大规模因材施教，为每个学生提供适合的教育，实现高质量基本公共教育服务均衡，解决社会和家长焦虑问题。

通过教育管理服务数据治理，推进基于全过程全要素数据、面向学生成长的伴随式综合素质评价，推进基于大数据的教育质量监测评估，解决不科学的教育评价导向问题；抽象教育业务流程，抽取关键特征因素，运用智能算法算力，匹配典型教育场景，构建业务数据模型，基于数据自动处理、优化、升级、再造业务流程，驱动教育"放管服"改革深化，提升教育管理服务能级和效率。

——数据安全是数字化转型的基础要求。数据的非实物特性，使其更容易被无痕篡改、盗取、损毁。随着数据应用日益广泛，作用日益重要，价值日益凸显，数据安全问题越来越突出。

解决数据安全问题，运行监管保障固然重要，规划和建设更为关键。这就像一栋大楼的防盗、防震、防火、防水，如果规划不合理、建设不到位，运行中再来补救，无论如何都很困难。

《上海市教育数字化转型实施方案（2021—2023）》对数据安全作出规定。根据《中华人民共和国数据安全法》《中华人民共和国个人信息保护法》《上海市数据条例》，加强教育数字化转型数据管理。教育数据所有权归教育用户和行政管理部门。教育数字化应用和服务中，无论定制开发还是购买服务或租用，相关设备厂商、应用开发商、运维运营机构都不拥有数据产权，只能根据用户授权在用户监管下使用、存储和销毁相关数据。教育用户和行政管理部门内部，严格依法依规科学设置数据收集、存储、使用、加工、传输、提供、公开等权属。

2. 以"基座联结"作为建构教育数字空间的关键节点

教育数字化转型在省市、县区、学校层面分别如何实施？各区域各校如何一体化建设和应用？《上海市教育数字化转型实施方案（2021—2023）》提出学校数字基座设计。县区数字基座和省市数字基座都是以学校数字基座（简称"基座"）联结为基础的。通过使用同款基座或接口标准一致，各县区内学校联结一体，省市内学校亦如此。一般省市、县区建立管理平台，称为省市教育数字基座和县区教育数字基座。

基座是标准化的数字学校中枢，也是现实学校与孪生数字学校的联结点，是各方协同的中枢、数据共享的中枢、优质应用广泛复用的基础、数据安全保护的屏障。如果将数字学校比作一个复杂计算机系统，基座相当于该系统功能全面的"操作系统＋"。承担物联设备统一接入管理、机构人员统一认证管理、数据融通一数一源管理、各类应用统筹衔接管理、机构人员及功能模块通信管理等功能。

原则上数据独立存储在基座和各应用之外，在学校和师生授权与监管下使用。全市采用统一标准的学校数字基座，各项教育教学应用可在不同学校复用，也可在不同企业基座产品间通用。建设运维方面，采用"政府定标准，企业做产品、保运维，学校买服务"方式。

按照上海《学校数字基座需求说明与建设标准》，基座包含五个中心。一是数据中心。所有数据独立存储在基座和应用之外。通过基座，在学校或数据所有权人（一般是师生）授权和监管下，应用系统采集、调用、加工、使用、返还必要数据。二是组织中心。负责设立所有数字化的人员、群组、机构等，授予相应身份及权限，进行日常认证和管理。三是物联中心。所有硬件设备统一连入基座，统一管理，共享调用。四是应用中心。所有系统应用以插件方式，通过标准接口连入基座，调用必要的数据、设备和认证服务，实现各自功能。五是消息中心。通过基座，实现所有人员、组织和设备间的信息互动。此外，将数字学校的数据、功能汇于一屏，以驾驶舱形式建立基座管理平台，在物联、数联、智联基础上，实现数据通、用户通、设备通、应用通、消息通（一屏五通）。

3. 以"生态培育"作为教育数字化持续发展的基础

教育数字化转型是复杂的社会系统工程。必须充分调动政产学研社各方力量，通过生态培育，奠定基础，注入动力，激发活力，形成持续发展的基础。包括但不限于：探索建立以 5G 技术为代表的网络基础设施新环境、个性化终身学习新体系、数字基座为关键节点的应用新平台、数据驱动因材施教的教学新模式、全过程全要素的人才新评价。

政府负责目标、制度、标准制定，基础设施建设。教育数字化转型是 3 亿多师生的集体行动，不仅要明确战略目标，而且要明确阶段性、领域性、地域性目标，建立统一协调的组织制度，制定统一科学的技术标准。这样才能把握方向大致正确，防止混乱和偏差，降低改革成本；才能形成合力，把海量用户转化为发展优势；才能形成一体化建设和发展。教育数字化基础设施建设，应当积极融入国家新基建工程，推动电信运营商建立数字校园基础设施整体解决方案，目前重点深化教育逻辑专网建设、云网融合及 IPv6 和 5G 应用。

企业负责开发数字基座、基础应用，提供相应运维运营服务。学校负责资源建设、应用统筹、用户管理。科研部门负责教育数字化转型理论研究、技术攻关、方法迭代创新。

《上海市教育数字化转型实施方案（2021—2023）》要求，提供数字基座的企业，同时提供"低代码、轻应用"的教育应用开发平台、开发工具和功能模块库。支持非专业的一线教育工作者，以搭积木方式参与教育教学应用场景开发。推动各类教育应用在数字基座上百花齐放。从而构建出应用开发者、应用市场、应用开放平台、学校数字基座、教育基础数据以及运营服务规范等组成的教育应用良好生态。

4. 以"购买服务"作为实施的基本方式

一直以来，教育信息化建设的通常模式是定制开发。由政府投资，学校提出需求，企业开发特定功能系统。定制开发模式下，资金投入较大，效果难达预期，运维升级更难保障，而且沉淀出一些问题，困扰学校和管理者，影响建设信心和决心。首先是学校间信息化建设失衡不断加剧。由于定制开发成本较高,有限的信息化建设经费只能支撑少数学校。最初选择投入教学基础好的学校,之后考虑到深化建设打造示范,往往形成惯性投入,造成学校间差距加大,不利于教育均衡和公平。其次是校内信息化建设比较盲目。一方面,宏观区域科学规划多不明确,校内信息化建设缺乏整体设计和长远考虑,头痛医头脚痛医脚,碎片化、随意性建设严重;另一方面,学校与企业沟通存在专业壁垒,在定制开发中很难提交完整、规范、专业的需求报告,企业难以将学校模糊的定性需求转化为适切的产品,无法保证学校需求完整准确实现。屡屡难见实效伤了抱有良好初衷和期待的建设者和支持者的信心,影响了教育信息化的常态化和系统化应用。再次是学校信息化应用的运维运营难以保证。拿到系统开发的尾款后,定制开发团队往往转做其他业务,甚至解散。中小学校缺乏专业技术能力,无法支撑有效的运维运营,无法保障后续的完善升级需要,造成一些应用系统交付即搁置。最后是无法保证真正有实力的开发者中标。因定制产品的验收和定价不具可比性,非技术因素严重干扰招投标。最终承接建设的企业中,明显存在劣币驱逐良币的现象。

为解决上述问题,激发企业参与教育数字化建设积极性,发挥其创新和专业能力,提升信息化建设和应用实效,《上海市教育数字化转型实施方案(2021—2023)》提出:以购买服务作为教育数字化转型实施的基本方式。具体包括:

政府负责顶层设计,整体规划,制定建设目标,建立购买服务的政策制度保障。在统一标准和充分兼容基础上,上海市招标三个学校数字基座产品,各区各校择优以购买服务方式选用。通过购买服务方式,原本只够少数学校数字化建设的经费,基本可以支撑全部学校同步实施数字化转型。

发动和鼓励大企业开发基座产品,提供运维运营服务,提供轻应用开发工具与平台及运维运营服务。基座产品开发周期较长,投入较大,对技术和实力要求较高,收入回款周期相对较长,一般中小企业望而却步,减少了非技术因素对基座招投标干扰,降低了不确定性风险。不超过三个基座产品备选,保障大企业开发的基座产品拥有较充足的市场容量。通过足量学校购买基座服务,大企业可以获得稳定现金流收入,建立稳定开发升级和运维运营队伍,支撑基座产品持续好用。三个大企业间形成一定竞争，为基座升级及运维运营注入了活力。

发动和鼓励中小企业开发典型应用，提供相应运维运营服务，参与支持轻应用开发。无论典型应用还是轻应用，因附着在标准化学校数字基座，方便广泛复用，可形成快速可观的市场营收。适合中小企业基于自身优势集中精力参与教育数字化应用建设。

购买服务方式下，有利于学校集中精力基于基座开展资源建设，基于基座开发轻应用，更加全面精准地开展基础数据治理和安全保障。

5. 以"育人为本"作为校正教育数字化转型方向的标杆

人才培养是教育的第一任务。教育规律是教育数字化转型必须遵守的第一规律。离开教育规律，数字化转型可能迷失方向，甚至犯买椟还珠、舍本逐末的错误。教育信息化建设中，曾经出现热衷于新技术新设备新应用迭代和覆盖、忽视育人初衷的技术驱动的异化，也出现过热衷于智能智慧等概念炒作、将信息化停留在论坛论文的概念驱动的异化，还出现过利益驱动的异化。

教育数字化转型实施中，判断规划是否科学，方案是否可行，技术与设备是否适切，应用是否有效，根本的标准是看是否有利于学生德智体美劳全面发展，是否有利于新时代社会主义建设者和接班人的培养。

教育数字化转型，如果方向偏差，先不论资源损失和社会影响，涉及学生的损害可能是难以挽回的一生遗憾。因此，盲目实践是不适合的。

数字化推动全球化，为新时代教育发展提供了新的可能，提出了更高的社会需求。站在工业时代迈向数字时代的转型时刻，面向数字时代，更新教育理念，变革教育模式，提升全民数字素养与技能，建设高质量个性化终身学习体系，立足为每个学习者提供最适合的教育、成就其最大的社会价值，运用数字技术发掘学习者潜质、激发学习兴趣、深化数据驱动大规模因材施教、培养综合创新能力，是教育数字化转型的目标，也是教育工作者和全社会共同的责任与追求。

【参考文献】

[1] 习近平. 在教育文化卫生体育领域专家代表座谈会上的讲话 [EB/OL]. [2020-

09-22]. http：//www.xinhuanet.com/politics/leaders/2020-09/22/c_1126527570.htm.

[2] 哈罗德·伊尼斯 . 传播的偏向 [M]. 何道宽，译 . 北京：中国人民大学出版社，2003.

[3] 李永智 . 媒介环境学视域下的教育信息化 2.0 [J]. 新闻爱好者，2018（9）.

[4] 中央网络安全和信息化委员会办公室 . 提升全民数字素养与技能行动纲要 [EB/OL]. [2021-11-05]. http：//www.cac.gov.cn/2021-11/05/c_1637708867754305.htm.

2.3 把教育强国建设作为人口高质量发展的战略工程 ①

2023 年 5 月 5 日，习近平总书记主持召开二十届中央财经委员会第一次会议，指出人口发展是关系中华民族伟大复兴的大事，必须着力提高人口整体素质，以人口高质量发展支撑中国式现代化；提出把教育强国建设作为人口高质量发展的战略工程，全面提高人口科学文化素质、健康素质、思想道德素质。这是对教育服务中华民族伟大复兴重要使命的重大部署，为教育强国建设指明了明确方向。

一、教育强国是全面建成社会主义现代化强国的战略先导

党的十八大以来，以习近平同志为核心的党中央高度重视教育工作，坚持教育优先发展，注重发挥教育对经济社会发展支撑功能。2015 年，中央扶贫开发会议将"发展教育脱贫一批"列入"五个一批"脱贫举措，赋予教育以脱贫攻坚重要使命。2016 年，十八届中央财经领导小组第十三次会议强调，扩大中等收入群体"必须强化人力资本，加大人力资本投入力度，着力把教育质量搞上去，建设现代职业教育体系"。进而在 2021 年，十九届中央财经委员会第十次会议明确指出，高校毕业生和技术工人都是有望进入中等收入群体的重要方面。党的十九大报告首次提出建设教育强国，指出"建设教育强国是中华民族伟大复兴的基础工程"。2018 年，全国教育大会正式提出教育是国之大计，党之大计。党的二十大明确 2035 年要建成教育强国，将教育、科技、人才一体部署，并放在加快构建新发展格局、着力推动高质量发展之后的突出位置。二十

① 本文原载于《红旗文稿》2023 年第 21 期。

届中央政治局第五次集体学习时明确，教育强国以支撑引领中国式现代化为核心功能。从助力脱贫攻坚到推进共同富裕，从推动高质量发展到奠基民族复兴，再到支撑引领中国式现代化，新时代教育始终契合着中华民族伟大复兴的脉动。

中国式现代化是人口规模巨大的现代化，是人类发展史上的一个全新课题，其艰巨性和复杂性前所未有。但同时，中国式现代化也是全体人民共同富裕的现代化，具有人口红利向人才红利转变的巨大潜力。

当前，人口发展呈现少子化、老龄化、区域增减分化趋势性特征。人口变动新常态是关系中华民族伟大复兴的大事。教育是提高人口素质的重要途径。这必然要求把教育强国建设作为人口高质量发展的战略工程。依靠教育来应对人口问题，是教育国之大计、党之大计重要作用的延续和提升，体现了新时代习近平总书记和党中央一贯的教育主张。

二、教育在推动我国由人口大国成为人力资源大国过程中发挥了重要作用

培养社会主义建设者和接班人是教育的根本任务。党的十八大以来，党中央作出加快教育现代化、建设教育强国的重大决策，推动新时代教育事业取得历史性成就、发生格局性变化。我国已建成世界上规模最大的教育体系，教育的发展保障了 14 亿多中国人民的受教育权。实践证明，教育是提升人力资源水平最直接、最有效的途径。

教育普及水平实现历史性跨越，各级教育普及程度达到或超过中高收入国家平均水平。2022 年，我国学前教育毛入园率为 89.7%，九年义务教育巩固率为 95.5%，高中阶段教育毛入学率为 91.6%，高等教育毛入学率为 59.6%，分别比 2012 年提高 25.2 个百分点、3.7 个百分点、6.6 个百分点、29.6 个百分点。劳动年龄人口平均受教育年限达 10.93 年，比 2012 年增加 1.03 年；新增劳动力平均受教育年限达 14 年。从成功跨越"中等收入陷阱"国家经验看，加强技能型人力资本投资是共同战略选择。党的十八大以来，我国职业学校和高等学校

培养了大批技术技能人才、高素质专业人才，2022 年接受高等教育的人口已超过 2.4 亿，推动劳动力素质结构发生了重大变化。根据中国教育科学研究院课题组测算，我国目前的教育强国指数居全球第 23 位，比 2012 年上升 26 位，是进步最快的国家。

同时，也应该看到，人口发展所呈现出的新趋势、新特征不仅将影响教育发展的规划和布局，也将伴随着教育的发展变化深刻影响人口的质量与结构。

今天，我国已经站在了人口负增长和人口老龄化交会的十字路口。我国人口死亡率相对稳定，少子化的原因主要是生育率低。我国育龄妇女总和生育率已跌破 1.1，处于超低生育水平，而世代更替水平是 2.1。这导致 2022 年我国人口自然增长首次出现负增长。根据第七次人口普查的数据，我国 60 岁及以上人口为 2.6 亿，占 18.70%，其中，65 岁及以上人口为 1.9 亿，占 13.50%。按照联合国有关标准，我国已经是老龄化社会。第七次人口普查的数据还显示，2010 年到 2020 年，我国城镇化率提高了 15 个百分点，年均增长 1.5 个点，城镇化呈加速度发展趋势。2022 年我国城镇化率达 65.22%。我国人户分离人口近 5 亿，区域人口增减分化明显。中国人口发展的"三化"特征，必然要求人口发展转向高质量，在人口发生"数量性压力"向"结构性压力"巨大转变之际，以人口质量提升对冲人口数量红利下沉。

人口质量提升和结构优化，根本靠教育。

三、教育大国到教育强国是一个系统性跃升和质变

习近平总书记在二十届中央政治局就建设教育强国进行第五次集体学习时强调，要坚持系统观念，统筹推进育人方式、办学模式、管理体制、保障机制改革，坚决破除一切制约教育高质量发展的思想观念束缚和体制机制弊端，全面提高教育治理体系和治理能力现代化水平。应以改革的思路谋教育强国的道路。

教育理念要从学校教育转向终身教育。从全生命周期的角度来看待提高人口素质问题，立足基本国情完善终身学习体系，建设学习型社会。

教育价值要从知识导向转向能力导向。不断创新人才培养模式，因材施教、发展适合每个学生发展的教育，着力提升人才自主培养质量。既要夯实学生的知识基础，也要激发学生崇尚科学、探索未知的兴趣，培养其探索性、创新性思维品质。

教育政策要从规模扩张转向内涵发展。全面贯彻党的教育方针，落实立德树人根本任务。聚焦办好人民满意的教育，筑牢国民教育体系基础。继续延长新增劳动力人均受教育年限，赋予人力资本以更多的知识和技能。构建优质资源共享的教育生态体系。

建设人口规模巨大的现代化教育体系，要突出在以下四个方面下功夫。

（一）突出整体性，提高人的整体素质和整体人口素质

培养什么人、怎样培养人、为谁培养人，是教育的根本问题。习近平总书记在二十届中央财经委员会第一次会议上指出，必须着力提高人口整体素质；全面提高人口科学文化素质、健康素质、思想道德素质。教育强国建设，要学深悟透习近平总书记关于教育的重要论述，坚持中国特色社会主义教育发展道路。全面落实立德树人根本任务，发展素质教育，坚持德智体美劳全面发展，着力培养一代又一代在社会主义现代化建设中可堪大用、能担重任的时代新人。在科学文化素质上，注重培养探索性、创新性思维品质；在健康素质上，抓住青少年黄金期，加强体育锻炼，让孩子们长得壮壮的、练得棒棒的；在思想道德素质上，要坚持不懈用新时代中国特色社会主义思想铸魂育人。同时，要提升整体人口素质。进一步加强科学教育和工程教育，加强拔尖创新人才自主培养，加快建设世界重要人才中心和创新高地。统筹职业教育、高等教育、继续教育，推进职普融通、产教融合、科教融汇，培养高素质技术技能人才。促进存量人力资本提质升级，实现生命全周期的学有所教。

（二）强化战略性，全面提高人才自主培养质量

深层次服务于社会主义现代化教育强国、科技强国、人才强国、文化强国、体育强国、健康中国建设，要通过加快推进育人方式改革，构建具有中国特色的高质量人才培养体系，全面提升各行各业的人才培养数量和质量。要以更"强"的教育支撑国家战略、服务经济社会发展，助力实现中国式现代化。

高校是基础研究主力军和重大科技突破策源地，高水平研究型大学是国家战略科技力量的重要组成部分，应当要成为中国创新高地。充分发挥基础研究主力军和重大科技突破策源地作用，把服务国家和区域重大战略需求、经济社会发展重大需要作为科技创新的主攻方向。

同时，要进一步加强科学教育和工程教育，加强拔尖创新人才自主培养，加快建设世界重要人才中心和创新高地。积极探索科教融汇、产教融合、人才共育、创新共赢，以满足国家战略和产业发展需要。

（三）关注流动性，补齐乡村教育功能短板

2035 年以前，城镇化在中国式现代化中是一个不可逆转的进程。我国义务教育的城镇化率，远高于同一时期的常住人口城镇化率。根据人口发展趋势，我国小学学龄人口减少的拐点已经到来。从 2011 年到 2021 年，乡村在校生数减少了 1817.8 万人。在"流动"逻辑下，乡村教育呈现出学校数占比大、学生数量少且生源处于持续减少状态的特点。乡村教育是建设教育强国和提升人口素质的明显短板。但要指出，随着我国义务教育实现基本均衡，乡村教育的短板，已经不是条件短板，而是功能短板。任何一种教育的目的都是为了实现人的最大化发展，乡村教育重要功能之一是阻断贫困代际传递，实现人的社会纵向流动。补齐乡村教育的功能短板，要以县域城乡教育一体化为视角，平衡好"在地"逻辑与"流动"逻辑，做大做强县城教育，以教育城镇化反哺乡村教育，提高乡村教育的质量，同时放大乡村学校功能，使教育中心同时成为乡村振兴的文化中心。

（四）体现时代性，推进教育数字化转型

教育提升人力资源水平的同时，自身也需要变革。党的二十大报告指出，推进教育数字化，建设全民终身学习的学习型社会、学习型大国。数字化是时代发展要求，教育数字化是我国开辟教育发展新赛道和塑造教育发展新优势的重要突破口。应充分发挥教育数字化推动实现人口高质量发展的作用。系统提升师生数字素养与技能，进一步扩大优质教育资源覆盖范围，缩小城乡教育差距。着力打造数字教育学习空间，以教育理念、体系、制度、内容、方法、治理现代化为基本路径，深化数字化育人变革，建构新型教育形态。推动教育从工业时代的学校模式转型为数字时代的终身模式。实现规模化教育与个性化培养有机结合,实现个人发展与社会发展的全面高度统一。完善数字化教育治理体系,打造智能化的教育管理和评价体系,营造健康的教育环境和生态。

党的二十大明确指出,2035 年要建成教育强国。现在离建成教育强国只有 12 年时间。把教育强国建设作为人口高质量发展的战略工程,赋予教育强国建设以更大紧迫性,使命如磐、任重道远。

2.4　坚持把高质量发展作为各级各类教育的生命线 [①]

中央政治局 5 月 29 日就建设教育强国进行第五次集体学习，习近平总书记强调："要坚持把高质量发展作为各级各类教育的生命线，加快建设高质量教育体系。"这为新时代教育事业改革发展指明了战略方向，明确了发展路径。深刻理解、准确把握这一重要论述，对建设教育强国，以中国式现代化全面推进中华民族伟大复兴，具有重要意义。

一、教育高质量发展是时代对教育的必然要求

党的十八大以来，新时代教育事业发展取得历史性成就、发生格局性变化。据中国教育科学研究院测算，2022 年中国教育强国指数居全球第 23 位，比 2012 年上升 26 位，是进步最快的国家。但是，快速发展的中国教育，还存在大而不够强、发展不平衡、人才供需错位、国家战略人才培养不足等问题。面临数百年未有之国际大变局，身处民族复兴挣脱外部遏制的关键阶段，坚持以高质量发展作为各级各类教育的生命线，是时代对教育的必然要求。

教育高质量发展是应对国际竞争的要求。近年来，美国对外利用军事霸权结合美元霸权收割各国经济发展成果的行径，越来越激起国际社会的广泛不满和反对，国际经济主导权特别是美元霸权受到挑战。美国国内政治对抗、债务危机日趋严重，向外转嫁国内矛盾的国家战略占据主导。在不断挑起地缘政治经济和军事对抗的同时，美国裹胁其盟国对中国的意识形态攻击和关键技术封锁越来越直接和无理。为维系自身霸权，美国强力推动全球产业链、科技链、

---

① 本文删减版原载于《学习时报》，2023 年 9 月 11 日头版，《新华文摘》2023 年第 22 期转载。

人才链"去中国化"，不断挑动"寒蝉效应"破坏中国学生学者参与国际教育科研合作，负面影响逐步凸显。由此应该清醒地认识到，接下来相当长一段时间内，中华民族伟大复兴所需的各级各类人才，特别是拔尖创新人才，必须立足自主培养。坚持各级各类教育高质量发展，是全面提高人才自主培养质量的基础，关乎民族复兴和国家自立自强。

教育高质量发展是服务国家发展的要求。 习近平总书记在二十届中央财经委员会第一次会议上强调，人口发展是关系中华民族伟大复兴的大事，必须着力提高人口整体素质，以人口高质量发展支撑中国式现代化。当下中国总人口14.1 亿已是峰值，主要面临低生育率的长期化、加速发展的老龄化、区域迁移的常态化、持续推进的城镇化、家庭规模的小型化等方面的影响和挑战。人口数量性压力转向结构性压力，必然要求人口发展转向高质量，以人口质量提升对冲人口数量红利下沉。人口问题成了国家发展的紧要问题。教育是提升人口质量最直接、最有效的途径。要把教育强国建设作为人口高质量发展的战略工程。教育高质量发展是推动"人口红利"转向"人才红利"、提高人口整体素质的关键。

教育高质量发展是办好人民满意教育的要求。 新中国成立 70 多年，尤其是党的十八大以来，我国教育事业发展取得历史性成就，人民群众对教育的满意度逐步提升。以高等教育满意度为例，中国教育科学研究院的调查显示：2021 年全国高等教育总体满意度得分为 76.09 分，总体实现稳步提升。基础教育、职业教育也同样呈现稳中向好的态势。中国教育发展到今天，已从以数量、规模、外延为特征的发展阶段，过渡到以内涵和质量为特征，融入创新、协调、绿色、开放、共享等新发展理念的新阶段。随着新时代社会主要矛盾的变化，我国教育的主要矛盾也演变为人民群众对优质教育的期盼和教育发展不平衡不充分之间的矛盾。人民群众在教育上还有一些难题，比如对教育公平有焦虑，对学业负担有苦衷，对初中后教育有担心。习近平总书记指出，我们要建设的教育强国，最终是办好人民满意的教育。这迫切需要教育高质量发展，提质扩优，满足人民群众从"有学上"到"上好学"的新期待。

教育高质量发展是顺应数字技术发展的要求。 数字技术发展正在改变人类社会生产生活方式，重塑区别于工业时代教育形态的数字时代教育形态。教育高质量发展最终是建立在数字教育新形态之上的发展。重塑教育新形态是教育高质量发展的基础。这种教育新形态，一是系统性建构教育与社会关系新生态。通过科技赋能和数据驱动，全方位赋能教育变革，为每个学习者提供适合的教育，让因材施教的千年梦想变成可能，实现微观层面的个人发展与宏观层面的社会发展历史性的全面高度统一。二是突破学校教育的边界，推动各种教育类型、资源、要素等的多元结合，推进学校、家庭、社会协同育人，构建人人皆学、处处能学、时时可学的高质量个性化终身学习体系。三是融合物理空间、社会空间和数字空间，创新教育教学场景，促进人技融合，培育跨年级、跨班级、跨学科、跨时空的学习共同体，实现规模化教育与个性化培养的有机结合。四是聚焦发展素质教育，基于系统化的知识点逻辑关系建立知识图谱，创新内容呈现方式，让学习成为美好体验，培养学习者高阶思维能力、综合创新能力、终身学习能力。五是以数据治理为核心、数智技术为驱动，整体推进教育管理与业务流程再造，提升教育治理体系和治理能力现代化水平。这种教育新形态是现行教育形态的系统性跃迁和质变，开辟了教育高质量发展的新赛道。

二、教育高质量发展的基础是建设高质量教育体系

十九届五中全会审议通过的《中共中央关于制定国民经济和社会发展第十四个五年规划和二〇三五年远景目标的建议》第一次提出"建设高质量教育体系"。党的二十大报告提出"加快建设高质量教育体系"的目标任务。二十届中央政治局第五次集体学习时，习近平总书记进一步将各级各类教育高质量发展与建设高质量教育体系联结在一起。现阶段，各级各类教育高质量发展的基础是建设高质量教育体系。

高质量教育体系是宗旨鲜明的体系。它体现党的教育主张，贯彻党的教育方针，坚持社会主义教育方向。中国教育科学研究院系统梳理了习近平总书记关于教育的重要论述，发现公开发表的论述就有 50 多万字，覆盖了教育的方方面面。这些论述形成了指导新时代教育改革发展的巨大思想宝库，为高质量教

育体系建设提供了世界观和方法论。

高质量教育体系是立德树人的体系。教育的本质是育人，促进人身心全面自由发展。中国特色社会主义教育的核心是为党育人、为国育才。习近平总书记指出，我们建设教育强国的目的，就是培养一代又一代德智体美劳全面发展的社会主义建设者和接班人，培养一代又一代在社会主义现代化建设中可堪大用、能担重任的栋梁之材。高质量教育体系能够保证高素质技术技能人才、大国工匠、能工巧匠层出不穷，大批战略科技人才、一流科技领军人才和创新团队脱颖而出。这样的教育是适合每个人的教育，不同性格禀赋、不同兴趣特长、不同素质潜力的学生，都能接受符合自己成长需要的教育，从而实现个人发展和社会发展高度统一。

高质量教育体系是学制健全的体系。它包括新时代教育的指导思想、理论理念、结构组成、制度法规、方法范式、教学内容、教师学生、生态环境等，是一切教育相关元素构成的完整系统。高质量教育体系的基点是基础教育，龙头是高等教育，具有纵向有衔接、横向有沟通、进出有弹性的典型特征。这样的教育体系具有极强的包容性，平等面向每个人，每个人在这个体系中，都能不分性别、不分城乡、不分地域、不分贫富、不分民族地接受良好教育。

高质量教育体系是支撑强国建设的体系。我国进入了全面建设社会主义现代化国家、向第二个百年奋斗目标进军的新阶段。中华民族伟大复兴进入不可逆转的历史进程。党的二十大报告提出到2035年要建成教育、科技、人才、文化、体育五大强国。高质量教育体系带有强烈的强国语境，意味着具有与大国地位、强国目标相匹配的规模、质量和贡献，是支撑人口高质量发展的教育，是服务国家高质量发展的教育，能够支撑实现高水平科技自立自强，促进全体人民共同富裕，奠基中华民族伟大复兴。

高质量教育体系是服务生命全周期的体系。终身教育思想深刻改变了人类教育的思想和形态，打通了职前教育与职后教育的割裂，形成了覆盖人的一生的教育。高质量教育体系是终身教育体系，服务人的生命全周期。在这个体系中，教育伴随每个人一生，学习成为每个人的生活习惯和生活方式，人人皆学、处处能学、时时可学得以实现。

三、各级各类教育高质量发展的当前指向

千里之行，始于足下。坚持把高质量发展作为各级各类教育的生命线，需要以基础教育为基点、以高等教育为龙头、以建设学习型大国为根本，着眼各级各类教育的高质量发展，准确把握各级各类教育高质量发展的当前指向。

高质量学前教育指向普及普惠科学优质发展。2022年，我国共有幼儿园28.92万所，其中，普惠性幼儿园24.57万所，普惠性幼儿园占全国幼儿园的比例为84.96%；学前教育三年毛入园率为89.7%。学前教育在普及普惠方面取得了巨大进展，"入园难""入园贵"的问题基本得到解决。在普及普惠基础上，高质量学前教育应遵循幼儿身心脑发育规律，加强学前教育科学指导。提高普惠园特别是普惠民办园的保教质量，增强吸引力，让每个孩子在每个园都能享有奠基终生发展的学前教育。

高质量义务教育指向优质均衡和素质教育发展。目前据公布，全国2895个县全部实现义务教育基本均衡。但县域之上的义务教育发展不平衡不充分问题依然存在。人民群众想在"家门口上好学"还难以基本满足，城镇化和人口变动背景下"城市挤""乡村弱"的办学矛盾还在加剧，发展素质教育还有待深化。针对这些问题，提升义务教育质量，应动态调整县域学校布局，优化资源配置；深化集团化办学、学区化治理和城乡学校共同体内涵；发展素质教育，推进五育融合，增强学生体质，培养其探索性、创新性思维品质。

高质量中等教育指向多样化、特色化发展。2022年我国高中阶段教育毛入学率达到91.6%，已完成普及任务，为高中阶段教育多样化、特色化发展提供了基础。高质量普通高中应全面落实新高考、新课程、新教材"三新"要求，深化育人模式改革，提升学生创新素养和科学素养；应满足学生多样化学习需求，举办一批科学高中、外语高中、艺术高中等。高质量中等职业教育应清晰定位在职业基础教育上，牢牢把握技术技能人才培养定位，既让少数人凭技术技能升本，更让多数人凭技术技能胜任产业、岗位需求。

高质量高等教育指向全面提高人才自主培养质量，提高服务国家现代化建设的支撑力、贡献力。2022年，高等教育毛入学率达到59.6%，在学总人数达

4655 万人。在我国高等教育进入普及化之后，高质量高等教育应切实发挥好龙头作用，强化分类发展和评价。把加快建设中国特色、世界一流的大学和优势学科作为重中之重，大力加强基础学科、新兴学科、交叉学科建设，瞄准世界科技前沿和国家重大战略需求推进科研创新，不断提升原始创新能力和人才培养质量。

高质量职业教育指向增强服务产业发展能力。目前，我国有 11000 多所职业学校，开设了 1200 多个专业和 10 万多个专业点，已建成了世界规模最大的职业教育体系。但是，职业教育要实现高质量发展，还需进一步提高职业教育的吸引力、提升行业企业的参与度，化解职教人才培养供需的种种矛盾，大力发展行业产教共同体，提高职业教育的产业适配性，源源不断为国家培养高素质技术技能人才、大国工匠、能工巧匠。

高质量终身教育指向构建服务全民终身学习的教育体系。建立健全全民终身学习体系，从 20 世纪 70 年代开始逐步成为世界各国的共识，也是现代人追求高质量生活的应有之义。总体来看，我国终身学习体系相对比较薄弱，应引导全社会树立终身学习的理念，加强终身学习平台资源建设，深化全民阅读，拓展老年教育内涵，不断提高国民受教育程度，着力推动普惠性人力资本提升，促进人人皆学、处处能学、时时可学的泛在学习空间成为现实。

四、教育高质量发展的未来向度

党的二十大报告指出，推进教育数字化，建设全民终身学习的学习型社会、学习型大国。教育高质量发展，需要准确把握教育数字化转型带来的教育变革新趋势。高质量的未来教育是数字技术赋能的新教育形态。有关数据显示，我国在线教育用户规模为 3.42 亿人，这个数字已经超出了学历教育在校生人数的总和，教育数字化在推动教育公平和建设学习型社会方面发挥着极其重要的作用。面向未来，我国要加快推进教育数字化转型，发展智能技术支撑的教育新基建，为教育高质量发展提供数字基座，开辟教育发展新赛道，塑造教育发展新优势。

一是聚焦人的全面健康快乐成长，设计更具弹性的个性化学制。根据人的成长规律和认知规律，在学生身心成长过程中，基于实践和基于教材的认知过程应该交错，读万卷书，行万里路；身心健康强壮应该并重，德智体美劳"五育融合"应着力知行合一。幼童期围绕身体发育，建立对生命空间更加系统的感性认知；儿童期在阳光下，建立对自然空间更加系统的感性认知；少年期在社会实践中，建立对社会空间更加系统的感性认知。在建立系统化感性认知基础上，根据个人成长和社会发展需要，有针对性地深化理性认知。同时，探索面向个人生涯设计的弹性学制。如通过以天、周、月甚至年为单位，个性化统筹系统安排时间。逐步将工业社会学校教育体系最终升级为个性化终身学习体系。

二是建构大规模个性化自主探究学习范式。学校可能不会消失，模式将会改变。跨年级、跨班级、跨学科、跨时空的学习共同体取代传统班级成为常态化的基本教学单位。基于数字空间，根据教或学的需要，特定学习共同体可以随时建立、随时解散。充分满足学习社会性与个性化结合的要求。通过更适合的学习生态，为每个学生提供更加适合的教育。通过为每个学生提供适合的教育，实现更高质量的基本公共教育服务均衡。

三是以学习者为中心。不再像工业社会教育工厂那样以教师为中心。在以学习者为中心的新体系中，通过数字技术，教师帮助学习者发掘个人潜质，激发学习兴趣，指导、督促学习者在最具天资、最感兴趣的领域，用最科学、最有效的方式自主学习，争取成就个人在社会中的最大价值。需要强调的是，在现有人工智能科学和脑科学研究获得革命性突破前，尽管教师不再是教学过程的主体和中心，但是仍然起着无法替代的主导作用，数字技术还难以替代教师在教学过程中的智慧。简而言之，人工智能无法取代教师，但必将赋能教师。

四是将工业社会备用式知识学习升级为学习者能力建构。目前，基础教育内容组成还是沿用工业时代建立之初的方式，即让所有学生共同学习储备可能用到的几乎全部基础知识。知识爆炸时代，新知识大约每两年翻一番，教育教学压力越来越大，改革腾挪空间越来越小，解决教育内容的质量与容量间矛盾越来越迫切。随着数字技术深入广泛应用，可即用即查（学）的知识将逐渐从教育内容中被剥离。数字素养、计算思维、数据治理和综合创新能力构成新的教育内容主体。新媒介技术建立新的教育传播符号及组合,进而建构新的教育内容。数字技术发展引发知识的聚变现象和裂变现象,进一步推动教育内容革命性重塑。当然需要注意的是,教育内容的冗余和碎片化会带来新的隐忧。

教育高质量发展是提升国民素质、促进人的全面发展的关键举措,将为中华民族伟大复兴提供不竭的动力源泉。

2.5　数字教育赋能教育强国的国际观察 ①

人类因教育而文明。环顾古今中外，世界强国无一不是教育强国，教育始终是强国兴起的关键因素。[1]教育因科技而发展，纵观人类历史，教育重大变革屈指可数，科技始终是推动教育变革的源发力量。随工业革命产生的学校教育体系已延续数百年。当今世界，新一代数字技术开启了一场比工业革命更为急速、涵盖面更广、更具颠覆性的社会变革。数字教育将为这场变革和国际竞争开辟新赛道，注入新动能。

一、数字教育在当前教育强国建设中具战略性地位

历史上，科技革命驱动教育变革是强国崛起的重要前提。科技进步是社会变革的动力源泉，也是推动教育变革的关键力量。从大航海时代葡萄牙、西班牙兴建航海学校培养技术人才，到文艺复兴时期意大利为实验科学进入大学创造条件；从18世纪第一次工业革命时期英国普及初等教育培养合格工人，再到19世纪现代科学和机器工业大发展推动德国建立研究型大学、发展职业教育培养复合型人才，历史上这些强国教育理念、形态、模式的每一次重大变革，无不闪烁着科学和技术进步的光芒。科技革命激发教育变革，而教育变革进一步助推科技发展和社会进步，这是历史上教育强国的共同特征。

当前，以数字技术为核心的新科技革命，对教育根本性变革提出了要求，提供了可能。随着新一代数字技术日新月异发展和广泛深入普及，开启了一场比以往任何一次科技革命迭代速度更快的社会变革，正日益成为驱动人类社会思维方式、组织架构、运作模式发生根本性变革和全方位重塑的引领力量。人

---

① 本文载于《电化教育研究》2023年第11期，作者为：李永智、秦琳、康建朝、张永军。

类社会正在从工业时代进入数字时代，形成于工业时代的教育传统形态已经无法适应数字时代对人的知识、技能和素养的新要求，学科间脱节、学段间脱节、知行脱节、理论与实践脱节的矛盾日益突出，教育的理念、体系、内容、范式、治理面临颠覆性变革，亟待重塑数字时代的教育形态。这种教育新形态，在根本上是通过科技赋能和数据驱动，全方位推动教育变革，突破学校边界，融合物理、社会和数字空间，构建开放灵活的终身学习体系，聚焦学习者素养创新学习内容，为每个人提供适合的教育，培养他们在数字时代生存、生产和发展的必备能力。

接下来，扎实推进教育强国建设，关键是以数字教育开辟新赛道、注入新动能。社会数字化转型是技术进步和生产力发展的必然，也是新生产关系和人类命运共同体构建的基础。社会发展中教育的基础性、先导性、全局性作用，更加赋予教育数字化转型战略意义。[2]数字教育新形态是现行教育形态的系统性跃迁和质变，开辟了教育高质量发展的新赛道。如同历史上历次科技革命与重大教育变革一样，当前，谁能把握数字教育的先机，率先构建教育新形态，就有更大可能在新科技革命浪潮中为国家经济社会发展提供关键的智力赋能与人才支撑，发挥出教育在强国崛起中的战略作用。放眼世界，各国都高度重视这一重大变革，从多个方面谋划布局，积极行动，推动教育数字化转型，力求在数字教育新赛道抢占先机，提升国家教育和人才竞争力。把握这一世界性趋势，分析各国的战略谋划和行动举措，能够为我们以数字教育赋能教育强国提供有益参照。

二、核心目标是提升全民数字素养

教育是培养人的事业，数字教育为经济和社会的数字化转型提供人力资源支撑，其中关键是提升全民数字素养与技能。很多国际组织和国家都把人的培养置于教育数字化变革核心位置，针对不同群体研究提出数字素养的内涵与框架，界定数字时代的公民和劳动者应具备的素质能力，为培养未来人才提供指南参照。

关于数字素养，国际上有多种不同定义方式。联合国教科文组织（UNESCO）把数字素养定义为"面向就业、获得体面工作及创业，使用数字技术安全且适当地获取、管理、理解、整合、呈现、评估和创建信息的能力，包括计算机素养、信息通信技术素养、信息素养和媒介素养"[3]。我国中央网络安全和信息化委员会提出，数字素养与技能是"数字社会公民学习工作生活应具备的数字获取、制作、使用、评价、交互、分享、创新、安全保障、伦理道德等一系列素质与能力的结合"。[4] 国内外的多种定义均显示，数字素养指向个体在数字时代参与经济社会生活的能力，具有多元性和复合型特征，既涉及与数字获取和使用相关的技术型能力，更涵盖数字环境下生活生产所必需的价值观、伦理道德、思维方式和行为能力。数字素养是"数字化生存"的内在要求，没有数字素养，就无法胜任数字时代的社会生活和生产活动，因而提升全民数字素养成为各国教育数字化变革的核心目标。

世界范围内，欧盟最早提出并系统构建数字素养框架。早在 2006 年，欧盟就在《欧洲议会和理事会关于终身学习关键能力建议》报告中把数字能力列为公民终身学习需要具备的八种关键能力之一。2010 年，欧盟启动"欧洲公民数字能力框架"研究，从"信息和数据素养""沟通与合作""数字内容创作""安全""问题解决"五个维度提出数字能力要素，先后发布和迭代了四个版本的《欧洲公民数字素养框架》，[5] 同时还针对教师和教育机构分别制定了《欧洲教育者数字素养框架》和《欧洲教育机构数字能力框架》。

2018 年，联合国教科文组织（UNESCO）以欧盟数字素养框架为基础，经过一系列实证研究并考虑不同国家和地区发展水平之后，提出了"数字素养全球框架"及相应的评估操作建议，这一全球框架包括"设备与软件操作""信息与数据素养""沟通与协作""数字内容创建""数字安全""问题解决""职业相关能力"七大能力领域和二十六项具体能力。[6]

很多国家也提出了各自的数字素养框架，例如，德国 2016 年提出的"学生数字素养框架"包含"搜索、处理和保存""沟通与合作""生产和呈现""安全和保护""问题解决和处理""分析和反思"六个方面 22 个一级指标和 62 个二级指标，作为中小学教育教学的重要参照。[7] 一些国家的数字素养框架已经落实到评价层面，如韩国 2009 年首次开发信息技术（ICT）素养测评工具，并在 2018 年扩展为"中小学生数字素养评价指标"[8]，同时提出"智能信息化社会教师教学能力与行动指标"[9]，均构建了多维度可操作的评价指标体系。

在数字素养涵盖的多元能力中，数字伦理道德的培养尤为重要，既包括认知层面对于数据安全、隐私保护和合乎伦理的数据利用的认同，也包括技术应用和操作层面相关伦理规范的养成。国际组织和主要国家的数字素养框架均把数据安全、隐私保护、分析反思等作为重要能力维度纳入其中，并通过法规、标准、指南的完善以及教育教学过程中的内容设计来予以强化。例如，韩国 2015 年修订的中小学课程标准就强调要培养中小学生信息伦理意识、信息保护能力[10]；欧盟《2021—2027 年数字化教育行动计划》的内容之一，就是制定教育工作者在教学过程中使用 AI 和数据的道德准则，识别和减轻人工智能和数据可能带来的风险。[11]澳大利亚在最新版课程纲要中将信息技术素养纳入课程培养的通用能力，其中 5 个具体要素之一就是"根据社会和伦理规约使用信息技术"。[12]

三、首要关注是发挥数字技术对教育公平的促进作用

数字技术突破了时空边界，能够促进优质教育资源的大规模生成和大范围共享，极大拓展了学习的机会、资源与方式，因而被各国视为促进教育公平、提高教育质量、促进终身学习和可持续发展的有效手段。但同时，数字教育对于基础设施、技术设备以及师资和教学资源的依赖也可能加剧因经济差异造成的"数字鸿沟"，这种状况在全球疫情背景下尤为凸显，也是各国在教育数字化转型过程中着力应对的挑战。后疫情时代，利用数字革命推动教育更加包容、公平和可持续已经成为全球教育发展优先事项，2022 年联合国教育变革峰会就把促进数字学习和转型作为五大行动领域之一，呼吁各国确保将优质数字教育作为公共产品，让数字革命惠及所有学习者。

实施教育数字化定向倾斜政策。为消除"数字鸿沟"，多国教育数字化发展策略向贫困家庭和落后地区做出倾斜。法国将"数字校园"行动视为新时期保

障法国教育公平公正的重要举措，注重对贫困家庭和落后地区的专门支持，创造条件让所有学生都能平等地接触新学习计划。芬兰针对移民群体，专门开发了数字化学习资源库，确保学习资源获取的公平性。澳大利亚提出要开展数字技术精准支持，在数字技术课程实施上给薄弱学校以定向帮助。

利用数字技术拓展终身学习的机会、资源与方式。数字技术为广大学习者从一次性教育向终身学习转变提供了广阔的空间，加速实现"人人皆学、时时能学、处处可学"，而数字教育机会和资源的可及性是实现这一愿景的基础。在欧洲委员会资助下，欧洲成人学习电子平台（EPALE）2017 年上线，这一多语言开放社区以共享成人学习相关的内容为基础，包括新闻、博客、资源、活动和课程，不同的主题领域下都有相应的结构化内容，供成员选择和开展讨论，以满足学习者个性化学习需求。[13] 始于美国的移动学习项目"Cell-ED"实现了即使在没有互联网或流量有限的情况下，成人学习者也可以通过任何类型的手机、平板电脑或电脑，进行阅读、写作、口语交流、算术、工作和社交等基本技能学习，这一项目已经推广到智利、加纳、肯尼亚和尼日利亚。[14] 印度尼西亚政府投入 20 多亿美元资助数字学习平台"Kartu Prakerja"，面向求职者、失业工人、小微企业主以及需要提高技能的个人，培养其工作能力和创业技能，已经为数百万印尼人提供了免费学习的机会。[15]

四、主要着力在面向数字时代变革教育内容和方式

数字时代的教育需要加强数字技术应用，充分合理使用数字化手段促进学生个性化学习，满足不同学生的学习需求，提升学习效果。但教育数字化不能仅停留于对教育内容呈现、传播、存储、检索、统计等方式的优化，或是对传统教育的局部进行表面形式上的改善，而是要实现"更新教育理念，变革教育模式"的教育深层改变。[16] 放眼世界，多国积极探索数字素养在课程教学中的落地，在基础教育阶段推进课程和学习内容整合，利用数字技术赋能学习方式变革，在职业教育和高等教育阶段创新数字技能人才和高层次人才培养方式。

一是把数字素养融入课程标准和学科教学。数字素养框架或标准的提出

明确了数字时代的育人目标，但只有进一步融入课标并落实到学科教学中才能真正转变为学生的成长。德国不仅提出数字素养框架，还要求各州对中小学教学大纲和教育标准进行调整，确保学生在义务教育结束时达到该框架所提出的素养要求。德国各州文教部长会议特别强调，除了必要的信息技术基础知识的教授之外，数字素养的培养应当在中小学所有学科中开展。每个学科都应当通过其特定的学习材料和教学方法来培养学生与学科相关的数字素养，通过多种方式如阅读和写作，在各种经验的习得和学习机会中发展与数字素养相关的能力。[17]芬兰在 2016 年新实施的国家基础教育课程标准中对编程教育提出明确要求，从 1 年级就开展实施。与其他一些国家将编程作为单独课程相比，芬兰将编程教育融入学科教学之中。如 1—2 年级数学课程要求学生初步了解编程；3—6 年级数学要求学生在可视化的编程环境中策划与开展编程活动；7—9 年级数学要求学生使用自己编写的或教师提供的程序作为学习数学的工具。[18]

二是着力推进基础教育课程内容整合，从分裂、封闭、僵化走向融合、开放、灵活。数字时代，复杂问题研究、多样的创新应用以及快速变迁的工作场景都需要跨学科跨领域的知识和能力，只有融会贯通多学科视角才能有效提供解决方案。传统学校教育体系学科越分越细，相互之间衔接不够，缺乏对学生综合运用各科知识解决问题能力的培养，无法适应数字时代发展。因而，整合课程和学习内容成为很多国家基础教育改革的方向。芬兰一贯重视课程整合和跨学科教学，课程结构整体设计注重先合后分，不同学科知识从低学段到高学段由融合逐步走向分化。如小学 1—4 年级开设的"环境与自然课"，融合了生物、地理、物理、化学及健康教育等不同学科的知识，是一门综合性学科。到小学 5—6 年级，"环境与自然课"才开始分化为"物理与化学""生物和地理"两门课，到初中再具体分化为"物理""化学""生物""地理"四门课，相应教材的编写也体现了学科融合的理念。芬兰 2016 年新课改首倡"现象教学"理念，即围绕特定主题，将相近的学科知识重新编排形成学科融合式的课程模块，以这样的模块为载体实现跨学科教学。STEM 教育具有典型的学科融合特征，有助于培养工程思维、科学探究能力、创新意识、问题解决能力等数字时代必备技能。进入新世纪以来，多个发达国家系统推进 STEM 教育的实施，如美国"北极星计划"将联邦政府各机构、学校、家庭、社区、企业和行业协会联合起来，设置门类繁多的 STEM 教育项目与拨款，涵盖 STEM 教育领域的研究、师资培训、课程设计等诸多方面。美国中小学 STEM 教育的一个突出特征就是强调跨学科素养，重视把新的知识同既有的知识、信息与体验链接起来，进而同社区生活乃至全球社会的现实课题链接起来，[19] 积极构建起以学生为中心、以项目为基础、注重学生特质的 STEM 教育体系。[20]

三是利用数字技术赋能学习方式变革，实践大规模因材施教。数字技术的广泛应用让教育真正适应学习者个体需求成为可能，各国积极探索利用新技术实施个体化的学业诊断和辅导，改进学习评价，推动教育教学场景创新，推动学习方式从标准化、统一化走向个性化和多样化。例如，美国的一项研究证明，利用自适应技术给不同水平的学生布置个性化的数学家庭作业有效缩小了学习基础较好和学习基础较弱的学生之间的成绩差距，数学基础较为薄弱的学生进步尤为明显。[21] 自适应学习技术在很多经济合作组织（OECD）成员国中得到大规模应用，例如 2800 所荷兰学校和 1000 所西班牙学校 1—6 年级的学生在数学、荷兰语等学科中大规模应用 Snappet 自适应学习系统，该系统能够自动检测和诊断学生学习情况并进行预测，提出相匹配的学习主题、问题并给出反馈，并为教师提供全面呈现学生学习进度、成效、预测分析的辅助信息。后续研究证明，使用该系统的学生数学成绩在六个月后有所提高，一年后更加明显，拼写能力也在一年后略有改善。[22]

四是推动职业和高等教育数字化转型。数字时代，职业教育和高等教育直接面对劳动力市场对技能人才和高层次人才的需求，面临培养目标、育人方式、资源建设和学习结果认证等一系列重大变革。各国职业教育的数字化转型涵盖智慧课堂、虚拟仿真实训空间、数字教学资源等基础设施和资源建设，也涉及人才培养职业目录和培养规格的调整，还包括对技能人才数字能力的系统培养。近年来，德国不断根据数字经济和产业发展需求调整职业教育目录，联邦教育与科研部支持了一系列职业教育数字化教学资源建设项目，利用数字化手段对教学过程和学习资源进行系统化的设计和再造。[23] 欧盟在"2021—

2027 年数字化教育行动计划"中着力开发"欧洲数字化技能证书",积极为职业教育和高等教育学生创造数字实习机会。在高等教育数字化转型中,各国均注重数字化基础设施建设和优质数字资源的普及应用,开展大规模在线学习,强调技术与教育深度融合,并通过数字技术赋能教学、管理和评价的全流程。如《数字英国战略》要求英国高校整合多项尖端科技,包括机器学习、人脸识别技术等,为师生提供独特的沉浸式教学体验。美国相继建立 edX、Coursera 与 Udacity 三大慕课平台,面向全球学习者提供可获得专业证书的学习内容;由 Future Learn 等五大慕课平台组成的欧洲慕课联盟已经成为欧洲高校合作的新平台。[24] 数字时代,雇主们更关注学生在毕业时所掌握的实际能力而不仅是毕业文凭,因而以数字徽章、可堆叠证书、慕课结业证书、行业认可证书等为主要形式的"微认证"(Micro-credentials)在多个国家兴起,被视为学位证书的补充甚至是替代。微认证进一步加强了知识的模块化、学习证据的绩效化、结果的堆叠性和凭证的移植性,展现了在互联网虚拟空间开展有效学习、提升个人能力的真正前景。[25]

五、积极应对人工智能对教育的颠覆性影响

人工智能代表了数字技术的最新前沿和制高点,是数字时代变革生产生活的核心力量,其迅猛发展以及在教育中的应用和影响也成为全球性热点话题。世界各国都在争相抢占这一技术制高点,加强专门人才培养,提升研发能力,扩大人工智能应用推动教育数字化转型的同时,也在积极应对其对教育带来的重大挑战。

一方面,人工智能技术已经成为大国博弈的关键因素,对人才培养和劳动力结构的颠覆性改变也推高了国家间技术和人才竞争壁垒,主要国家围绕人工智能研发和人才培养展开激烈竞赛。加拿大、英国、日本、新加坡等国都发布了国家人工智能战略,提出了一系列人工智能教育和培训计划,加速相关学科建设和人才培养。美国国家人工智能安全委员会(NSCAI)在 2021 年 3 月发布《最终报告》指出,中美人工智能竞争堪比当年美苏太空竞赛,美国应尽快出台

第二部《国防教育法》，改革美国教育体系，大力培养科学、技术、工程与数学（STEM）人才。[26] 美国卡耐基梅隆大学利用该校在计算机科学以及跨学科教学方面的优势，在 2018 年率先设立全美第一个人工智能本科专业。美国当前的人工智能人才战略体现了宽口径、多元化特征，既包括培养高层次人工智能研发人才，也包括提升各学段学生和成年劳动力的人工智能应用技能。英国政府、产业界和大学合作设立 16 个人工智能教育中心，开设由产业资金资助、包含工作实习内容的人工智能硕士专业学位课程。加拿大依托蒙特利尔大学、多伦多大学、阿尔伯塔大学等高校的人工智能实验室平台加强培养人工智能领域博士生，吸引科技公司在加拿大投资人工智能研究，建造人工智能实验室，构建良性人才生态系统。[27]

另一方面，以 ChatGPT 为代表的新一代生成式人工智能对传统教育模式和体系带来巨大冲击，推动各国深刻反思并加速教育理念和模式变革。人工智能技术早已广泛运用到教育教学之中，包括自动评分、AI 语音助手、虚拟实验室、机器人、大数据分析支持的智能化教学以及教学内容的自动生成等，各国对此普遍持积极态度，《美国人工智能研发战略规划》就指出，要充分利用人工智能技术促进教育公平与改善生活质量，利用智能导师为学生提供实时个性化教育。2022 年，新一代生成式人工智能 ChatGPT 问世，其接近于人脑概念推理效果的概率推理能力震惊全球教育界。ChatGPT 在教育中的可能应用包括提升教学成果的完成度与创意感、增强数字导师的角色感与互动性、提高自适应学习系统的易用性与精准度、促进教学策略与方式的智慧化与创造性、支持教学反馈与评价的生成性与个性化等。同时 ChatGPT 也带来传播错误信息和偏见、剽窃、影响自主思考、扩大教育不公平以及泄露个人信息等方面的风险。最为关键的是，ChatGPT 从根本上挑战了现代学校教育内容、教学目标、学校秩序和教师角色，凸显了数字时代教育目标、内容和模式变革的必然性和紧迫性。可即用即查（学）的知识将逐渐从教育内容中被剥离。数字素养、计算思维、数据治理和综合创新能力构成新的教育内容主体。[28] 基于数字技术的新教育传播符号及组合，参与建构新的教育内容。数字技术应用引发的知识裂变传播现象和聚变传播现象，进一步推动教育内容革命性重塑，进一步凸显教育的根本变革"箭在弦上",不能继续"犹抱琵琶"。一些国家和院校选择直面 ChatGPT 的挑战,探索合理有效运用生成式人工智能技术推动教育教学变革。新加坡是较早公开支持在教育系统中使用 ChatGPT 的国家,其教育主管部门将指导教师有效使用 ChatGPT 等智能工具来增强学习,并为学生提供负责任地使用智能工具的技能培训。德国联邦议会专门委托高校开展调研,客观分析 ChatGPT 对教育和科研的影响,提出一系列指导意见。[29]2023 年初,美国知名在线教育创新平台可汗学院上线了由 ChatGPT-4 模型驱动的实验性人工智能工具,由智能助教和虚拟导师以对话形式为线上学习的学生提供一对一辅导,提出个性化问答引导学生进行深度学习,帮助教师制定课程计划和批改作业,为每一位学生定制学习方案,把生成式人工智能应用到个性化教学中。

六、从国家战略高度系统推进教育数字化转型

教育数字化转型不应是单方面、局部、自发和零散的改革实践,而应是涵盖教育理念、体系、内容、模式、治理,进而涉及范式、课程、资源、环境和教师的全方位革新,是一项创新、复杂的社会系统工程。推进教育数字化转型,离不开国家和系统层面的顶层设计、整体规划、协同推进以及安全保障。从国际经验看,主要发达国家均高位布局,在国家数字战略中对数字教育做出规划部署,制定专门发展规划,强化基础设施和资源平台建设,并且特别注重相关法治规范建设以及数据的治理、利用和保护。

一是在国家数字战略中推进教育数字化转型。为在新一轮科技革命和产业变革中赢得先机,主要发达国家先后推出国家数字战略,发展数字经济、推动社会各领域数字化转型,数字教育和数字人才培养是其中重要组成部分。2022年,德国联邦政府内阁通过《数字化战略:共同创造数字价值》,把教育作为 25个核心主题之一,强调以数字技能提高公民的自主性、社会参与度与社会凝聚力,加大对各级学校教育以及继续教育和职业培训的数字教育投资,并提出在2025 年初步建成一个面向所有人提供平等、无障碍的数字学习机会的开放教育生态系统。[30]同年英国也发布最新版《数字战略》,希望成为"全球开展数字创

新的最佳地点"，而"数字技能和人才"是这一战略的六大支柱之一，该战略提出了加强学校数字教育，培养公民终身数字技能，吸引全球数字人才等多方面举措。[31] 此外，法国以"高速法国计划"与"投资未来计划"保障教育领域的数字化建设，日本政府提出构建"超智能社会"（Society5.0），强调以数字教育培养应对智能时代社会经济发展的可用人才，[32] 都是在重大国家创新战略中对数字教育进行谋划。

二是制定专门的教育数字化发展规划。美国《国家教育技术计划》（NETP）已推行二十余年，迭代五个版本。这一计划阐明了公平、积极使用技术和协作领导的愿景，呼吁让学习能够随时随地进行，所有人都能公平获得技术支持的新型学习机会。[33] 芬兰近年来颁布了《国家教育信息化规划》，提出八大战略目标与行动任务，覆盖了教师、学生、基础设施、资源、学校管理、校企合作等诸多要素。[34] 欧盟则对标中美两个大国发布《数字教育行动计划2021—2027》，倡导建设欧盟"战略数字能力"，促进数字技术的广泛部署，塑造并支持欧洲社会和经济的数字化转型。2015—2019年间，经合组织（OECD）17个成员国或地区出台了专门的教育数字化战略，另外16个成员经济体的教育数字化战略涵盖在新发布的国家或地区数字化战略之中。[35]

三是加强数字教育基础设施和资源平台建设。基础设施和资源平台是教育数字化转型的必要保障，高度依赖国家层面的资源投入、标准建设以及统一推进。美国在2013年就提出加强学校网络基础设施建设的《连接教育计划》，到2019年实现99%的公立学校接入光纤。2019年，德国联邦和各州政府共同启动《学校数字协定》，投入50亿欧元用于数字教育基础设施建设；到2022年底，该协定已经批准的39.4亿欧元经费中91%被直接用于学校数字基础设施的改善，极大提升了德国学校数字化教育环境。[36] 法国设立国家远程教育中心，汇聚覆盖学前教育到高等教育的超过3000个远程学习项目，并提供相关的教育培训资源。澳大利亚开发了国家数字学习资源平台，收录16000多个免费的数字资源并开放共享。[37] 德国2021年启动国家数字教育平台建设，旨在连接现有的多个数字教育设施形成一个国家层面的数据资源互联互通的教育网络基础设施，让从儿童到退休人员的各年龄层人群都能更容易地获得数字化学习资源。[38]

四是高度重视教育数据治理、应用和安全保护。 教育数字化转型，从物理空间到数字空间都离不开数据，数据是连接一切的核心，是唯一最终沉淀下来的财富。[39] 各国高度重视教育数据的治理、应用和安全，美国早在 2012 年发布《通过教育数据挖掘和学习分析促进教与学》报告，阐述了教育数据挖掘和学习分析、自适应学习系统中大数据的应用等议题，提出通过对教育大数据的挖掘与分析，促进美国大中小学教学系统变革的目标。[40] 2022 年初，日本数字厅、总务省、文部科学省、经济产业省四部门联合出台《教育数据利用路线图》，提出了强化教育大数据利用、实现数据赋能教育的具体实施举措，包括整体架构、机构和部门分工、平台管理、标准建设等多个方面，为日本开展教育大数据治理和利用提供了蓝本。[41] 英国教育部发布数据保护工具包，协助学校开展数据保护活动，并依据《数据保护法》，制定数据管理政策和流程，快速、恰当地应对数据泄露。[42] 国家级教育数据机构的建设能充分发挥宏观调控和大数据集成的优势，构建教育数据新生态，加强教育数据对于研究、教学、教育治理以及政策制定的支撑作用。美国国家教育统计中心（NCES）成立于 20 世纪 60 年代，是收集和分析美国和其他国家教育数据的联邦实体机构。近年来该机构积极改变策略，以"研发和传播符合 21 世纪教育数据生态系统需求的数据产品"为目标，从年度报告式的传统数据呈现方式转向建立动态数据产品的在线系统，通过灵活多样的数据公开途径与应用工具极大拓展了其数据统计、分析和呈现功能。[43]

七、抢占数字教育新赛道有利位置，提升国际竞争力

数字化在新的维度上推动和加速了全球化进程，数字教育为教育国际合作开拓了崭新的领域和渠道，扩大了受众群体，创造了无限可能。很多国家都积极把握教育数字化转型新机遇，把数字教育视为扩大国际影响、参与全球教育治理的重要工具和载体，把数字教育发展与教育国际化战略进行有机整合，力求在这一新赛道抢占有利位置，提升国际竞争力。

积极构建数字教育标准体系。 主要国际组织和发达国家积极面向国际发起

数字教育议题议程，研究和推出相关发展指标和标准，进行排名，扩大在这一新兴领域的影响力。欧盟通过"数字经济和社会指数""数字化终身学习准备指数"等对其成员国数字经济、数字人力资源和数字教育发展状况进行分析排名，直接影响了很多国家数字教育政策，例如德国2022年最新《数字战略》就把提高在欧盟"数字经济和社会指数"中的排名作为重要目标。欧盟还基于其发布的教育机构数字能力框架和教育者数字素养框架开发出"应用数字创新技术促进有效学习的自我反思与测评工具"（SELFIE），该工具包括学校工具和教师工具两类，分别供学校和教师开展数字化教学能力自主测评并自动生成评价报告。其中学校测评工具有超过30种语言版本，自2018年推出以来已被82个国家的1.3万多所中小学和职业学校使用；2021年上线的教师工具有28种语言版本，到2022年已有6万多名中小学教师使用。[44] 此外，世界银行创建了"教育技术准备指数"，并已经在多米尼加共和国、尼泊尔、越南、塞拉利昂和尼日尔五国开展试点评估。[45]

开展数字教育国际合作与援助。德国近年来配合其对外教育战略，积极面向发展中国家开展数字教育合作与援助。通过开放式教育资源和大规模开放在线课程，德国教育机构为撒哈拉以南非洲贫困地区的青少年提供免费的在线学习机会，培养他们在职业发展上所需要的基本知识和数字技能，并提供赴德国留学的政府奖学金名额。[46] 在德国联邦经济合作与发展部支持下，德国国际合作协会（GIZ）与越南职业教育培训总局合作开展了为期3年的职业教育改革计划，推进越南职业教育数字化转型。[47]

扩大数字教育产品对外输出。教育技术行业已经成为英国增长最快的行业之一，出口额在2021年达到2.92亿英镑。英国国际贸易部和教育部2019年共同发布《国际教育战略——全球潜力、全球增长》报告，提出到2030年英国教育出口额增至350亿英镑的宏伟目标，而支持教育技术行业以及数字教育产品的出口被列为实现这一目标的重要举措。英国国际贸易部专门举办推广活动并提供信息服务，促进英国教育技术和数字教育产品的海外营销，打造英国教育技术品牌。

搭建数字教育国际合作平台。欧盟为落实数字化教育转型计划，加强欧盟区及国际数字教育合作与交流，专门建立了欧洲数字教育中心（European Digital Education Hub）。作为一个开放在线协作社区，欧洲数字教育中心能够让各国教育和培训部门分享专业知识、最佳实践和解决方案，促进沟通、共同行动和信息共享，加速数字教育实践和数字创新。数字教育中心还将监测欧洲数字教育的发展，支持欧盟成员国建立国家数字教育咨询服务网络。[48]

在全球范围内吸引数字人才。 数字技术日新月异，高技能数字人才在各国都是稀缺的宝贵资源。发达国家利用其在全球人才竞争中的优势地位，通过国际学生招生就业和跨国技术移民领域的鼓励性政策，吸引全球数字人才。英国研究型大学增设环境数据科学与机器学习、金融技术与数据科学等新专业，积极招收来自新兴国家的博士研究生及博士后研究人员，其国家《数字战略》也专门提出为数字企业提供特殊签证政策。德国新修订的《技术劳动移民法》专门针对信息通信技术等特殊行业人才制定"绿色通道"，简化移民申请流程。[49]

党的十八大以来，新时代教育事业取得历史性成就、发生格局性变化。2022年1月，我国启动实施国家教育数字化战略行动，以建设国家智慧教育公共服务平台为重要抓手，不断强化数字化思维和观念，升级教育基础设施，优化教育公共服务供给，支撑重大教育改革任务实施，持续提升国际影响力，为加快建设教育强国奠定了坚实基础。但是正如习近平总书记指出，我国在建设教育强国上仍存在不少差距、短板和弱项，实现从教育大国向教育强国的跨越依然任重道远。各国教育数字化转型的战略谋划和行动举措，是我们以数字教育赋能教育强国的有益参照。

【参考文献】

[1] 习近平 . 扎实推动教育强国建设 [J]. 求是，2023（18）.

[2][16][28][39] 李永智 . 教育数字化转型的构想与实践探索 [J]. 人民教育，2022（07）.

[3][6] LAW N, WOO D, DE LA TORRE J, et.al. A Global Framework of Reference on Digital Literacy Skills for Indicator 4.4.2[R]. Montreal：UNESCO Institute for Statistics，2018.

[4] 中央网络安全和信息化委员会 . 提升全民数字素养与技能行动纲要 [EB/OL].
（2021-11-05）[2023-09-02]. http：//www.cac.gov.cn/2021-11/05/c_1637708867754305.htm.

[5] 刘晓峰，兰国帅，杜水莲，等 . 迈向教育数字化转型的欧盟四版公民数字能力框
架：演进、比较、特点和启示 [J]. 现代远距离教育，2023（3）.

[7][17] Kultusminister Konferenz. Bildung in der digitalen Welt-Strategie der
Kultusministerkonferenz[R/OL].（2017-07-12）[2023-09-10]. https：//www.kmk.org/
fileadmin/pdf/PresseUndAktuelles/2018/Digitalstrategie_2017_mit_Weiterbildung.pdf.

[8] 韩国教育部教育学术情报院 .2022 年教育信息化白皮书 [R/OL].（2023-08-07）
[2023-09-10].https：//www.moe.go.kr/boardCnts/viewRenew.do？　boardID=351&boardSeq
=95905&lev=0&searchType=null&statusYN=W&page=1&s=moe&m=0310&opType=N.

[9] 홍선주（洪善珠）. 智能信息社会提高教师能力的研修项目开发 [R/OL].[2023-
08-23].https：//dl.nanet.go.kr/SearchDetailView.do？　cn=MONO1202031036#none.

[10] 韩国教育课程信息中心 .2015 年课程标准 [R/OL].[2023-08-23]. https：//ncic.
re.kr/mobile.kri.org4.inventoryList.do；jsessionid=FF148CD3F972999D668C7DC931BD
DA90#.

[11] 王素，袁野 . 国际教育数字化转型经验与策略分析 [J]. 人民教育，2022（8）.

[12] Australian Curriculum，Assessment and Reporting Authority（ACARA）.
Information and Communication Technology（ICT）Capability（Version 8.4）[EB/
OL].[2023-08-10]. https：//www.australiancurriculum.edu.au/f-10-curriculum/general-
capabilities/information-and-communication-technology-ict-capability/#.

[13] 勾建霞 . 欧盟推出欧洲成人电子学习平台以提高成人教育质量 [J]. 世界教育信
息，2017，30（8）.

[14] 联合国教科文组织 . 支持青年和成人学习的开放和远程教育 [R/OL].（2020-
06-01）[2023-09-10]. https：//unesdoc.unesco.org/ark：/48223/pf0000373815_chi.

[15] Coordinating Ministry for Economic Affairs. About Prakerja [EB/OL].[2023-09-03].
https：//www.prakerja.go.id/en/tentang-prakerja.

[18] 康建朝 . 芬兰中小学编程教育的缘起、实践路径与特征 [J]. 电化教育研究，
2021，42（8）.

[19] 钟启泉 . 基于"跨学科素养"的教学设计——以 STEAM 与"综合学习"为例 [J]. 全球教育展望，2022，51（1）.

[20] 杨体荣，沈敬轩，黄胤 . 美国 STEM 教育改革的主要阶段、实践路径与现实困境 [J]. 比较教育学报，2023（3）.

[21][22][35] 经济合作与发展组织 . 教育数字化转型——人工智能、区块链和机器人技术如何赋能 [M]. 李永智，主译 . 上海：上海教育出版社，2023.

[23] 赵志群，黄方慧 . 德国职业教育数字化教学资源的特点及其启示 [J]. 中国电化教育，2020（10）.

[24] 吴砥，李玲，吴龙凯，等 . 高等教育数字化转型的国际比较研究 [J]. 国家教育行政学院学报，2023（4）.

[25] 陈时见，杨盼 . 美国高等教育微认证的背景、框架与发展趋势 [J]. 外国教育研究，2022（3）.

[26] 余南平，张翌然 .ChatGPT/ 生成式人工智能对教育的影响：大国博弈新边疆 [J]. 华东师范大学学报（教育科学版），2023（7）.

[27] 施云燕，裴瑞敏，陈光，等 . 国外人工智能人才培养政策及对我国的启示——以美国、英国、加拿大、日本为例 [J]. 今日科苑，2021（5）.

[29] ALBRECHT S. ChatGPT und andere Computermodelle zur Sprachverarbeitung-Grundlagen，Anwendungspotenziale und mögliche Auswirkungen：TAB-Hintergrundpapier Nr. 26[R]. Berlin：Büro für Technikfolgen-Abschätzung beim Deutschen Bundestag，2023.

[30] 张慧中 . 德国政府推动数字化战略 [EB/OL].（2022-08-15）[2023-09-02]. http：//world.people.com.cn/n1/2022/0815/c1002-32502278.html.

[31] Department for Digital，Culture，Media & Sport. UK Digital Strategy [EB/OL].（2022-10-04）[2023-08-25]. https：//www.gov.uk/government/publications/uks-digital-strategy/uk-digital-strategy#s3.

[32] 文部科学省 . 以尖端技术支持新时代学习推进方略 [R/OL].（2019-06-25）[2023-09-03]. http：//www.mext.go.jp/component/a_menu/other/detail/__icsFiles/afieldfile/2019/06/24/1418387_02.pdf.

[33] Office of Educational Technology. National Educational Technology Plan [EB/OL].

[2023-08-23].https：//tech.ed.gov/netp/.

[34] Ministry of Transport and Communications. National Plan for Educational Use of Information and Communications Technology[R/OL].[2023-09-10]. https：//fm.typepad. com/files/finish_national_plan_for_educational_use_of_ict_201012.pdf.

[36] Bundersministerium für Bildung und Forschung.Mit dem DigitalPakt Schulen zukunftsfähig machen[EB/OL].（2022-09-08）[2023-08-24]. https：//www.bmbf.de/bmbf/ de/bildung/digitalisierung-und-mint-bildung/digitalpakt-schule/digitalpakt-schule_node.html.

[37] 吴砥, 李环, 尉小荣 . 教育数字化转型：国际背景、发展需求与推进路径 [J]. 中国远程教育, 2022（7）.

[38] 陈正, 杨静 . 建设新型数字教育空间：德国国家教育数字化平台探析 [J]. 世界教育信息, 2022（6）.

[40] U.S. Department of Education, Office of Educational Technology. Enhancing Teaching and Learning Through Educational Data Mining and Learning Analytics：An Issue Brief [R] Washington, D.C., 2012.

[41] デジタル庁 . 教育データ利活用ロードマップ [R/OL].（2022-01-07） [2023-07-18]. https：//www.digital.go.jp/assets/contents/node/information/field_ref_ resources/0305c503-27f0-4b2c-b477-156c83fdc852/20220107_news_education_01.pdf.

[42] GOV.UK. Data Protection in Schools[EB/OL].[2023-09-10]. https：//www.gov.uk/ guidance/data-protection-in-schools.

[43] National Center for Education Statistics. Strategic Plan[EB/OL].（2023-03-01） [2023-08-10]. https：//nces.ed.gov/about/?sec=stratplan.

[44] European Commission. SELFIE：A Tool to Support Learning in the Digital Age[EB/OL].[2023-09-09]. https：//education.ec.europa.eu/selfie/about-selfie.

[45] World Bank Blogs. Empowering Educators and Learners：Insights and Strategies from the EdTech Readiness Index[EB/OL].（2023-04-26）[2023-08-24]. https：//blogs. worldbank.org/education/empowering-educators-and-learners-insights-and-strategies-edtech- readiness-index.

[46] 王翠英, 吴海江, 楼世洲 . 德国以数字技术推动教育国际化发展战略分析 [J].

教育科学, 2021, 37（6）.

[47] Deutsche Gesellschaft für Internationale Zusammenarbeit. Reforming Technical and Vocational Education and Training in Viet Nam[EB/OL].（2021−03−01）[2023−08−24]. https：//www.giz.de/en/worldwide/18723.html.

[48] European Commission. European Digital Education Hub[EB/OL]. [2023−09−13]. https：//education.ec.europa.eu/focus-topics/digital-education/action-plan/action-14-european-digital-education-hub.

[49] 薛新龙, 岳云嵩. 世界各国如何构建数字人才体系 [N]. 光明日报, 2022−10−13（14）.

2.6　危机中的全球学校教育观察 ①

在全球地缘政治危机加剧的背景下，2022 年 9 月，在美国纽约召开的联合国教育变革峰会指出，自 2020 年以来，新冠疫情（以下简称"疫情"）已损害全球 90% 以上儿童的学习，对教育造成有史以来最大的破坏，有一半国家削减了教育预算。[1] 疫情大流行叠加全球性政治及经济危机，加剧了全球学校教育危机，被动催化了在线教育常态化应用。如何在危机中育新机、在变局中开新局，教育数字化转型值得期待。

一、全球教育陷入危机的危机

2020 年以来，全球笼罩在疫情的阴影之下，在经济领域之外，特殊的健康环境让全世界的学校教育系统面临前所未有的危机。[2]2020 年，188 个国家的 15 亿学生一度被挡在校门外，数百万儿童，尤其是大量女童，在获得可能改变他们生活的资源方面面临巨大障碍。[3] 据联合国统计，2021 年，有 2.44 亿儿童和年轻人失学。截至 2022 年秋天，约有 64.3% 的 10 岁儿童无法阅读和理解一个简单的故事。这意味着，几年后，有三分之一的人将无法有效理解一段文字。8.4 亿年轻人将在十几岁时离开学校，丧失未来的工作资格。[4]

疫情使全球教育陷入了"一场危机中的危机"。它不仅剧烈冲击着当下，而且还影响着未来。种种隔离措施使学校陷入停课以及关闭校园的不确定性中，学生常常不得不居家线上学习。此次联合国教育变革峰会总结中提到，自 2020 年以来，全球约有 1.47 亿学生失去了一半以上的面对面教学时间。这极大地冲击了学校教育的完整性和有效性，改变了学生的生活和学习方式。

---

① 本文原载于《中国基础教育》2022 年第 11 期。

联合国教科文组织指出，第二次世界大战以后的几十年，人类为全球教育发展所作的努力和取得的成果可能因疫情受到严重损害，甚至付之东流！然而，只有不到一半的国家制定了帮助儿童追赶学习的战略。世界银行认为，如果不能及时有效解决学习危机，这一代学生有可能难以充分发挥自身能力和收入潜力，这一代人将面临"终身收入减少约10万亿美元的风险，这个数字几乎相当于全球GDP的10%"。[5]

二、危机催化数字教育发展

在学校停课期间，多媒体数字资源成为教育的生命线。多媒体数字技术不仅是应对疫情暴发期间的权宜之计，还使人们在学习内容、学习方式、学习地点和学习时间方面找到了全新的答案。从某种意义上来说，这场危机激发了许多国家教育系统中的巨大创新潜力。一些国家即使在疫情大流行的艰难背景下也能保障学校的开放和安全。在需要关闭学校的地区，许多国家做出了努力，以减轻对学习者、家庭和教育工作者的影响，同时给予那些处于最边缘的群体特别的关注。

各国还采取了一系列措施来确保数字教育的高覆盖率，包括灵活的、自定步调的数字平台以及与移动通信运营商和互联网公司达成的协议。疫情下的在线教育，虽然是非常时期的无奈之举，但跨越式地实践了全日制、全学段、全覆盖的在线教学，促进了优质教育资源共享，广泛增强了数字技术在教育教学中常态化应用的信心和基础，开启了数字技术赋能传统教育的新纪元。[6]

1. 数字教育：从替补到主力

教育数字化转型过程中，主要应用场景在学校，而不在家庭。之前投入的重点主要是教育基础设施、教学硬件设备的教育数字化及教育管理的应用，并没有与课堂教学有机充分融合，没有形成常态化、系统化和标准化。

疫情下的教育系统，学生与教师都切身体验了数字化学习的全流程。学生签到、资料分发与收集、作业数字化批改与统计，在线文档协作、直播答疑互动、个性化资源录制，师生和家长亲身体会到了教学形态、流程、模式上的新变化，体验了新的教与学的生态系统，体悟了学校、教育、课程、教师等概念内涵被赋予了新的定义，这无疑对数字教育的常态化、系统化应用产生里程碑意义。

2. 优质均衡：从愿景到现实

疫情暴露了区域之间、城乡之间的教育差距问题，也催化、升华了当下的教育供给形态。疫情下，部分地区存在网络连接不上、硬件资源跟不上的问题。在保障中小学在线教育有序进行方面，全球绝大部分国家和地区都只是被动交给学校或教师。但也有一些地区采取了系统有效措施保障教育均衡，组织各网络平台开放大批优质学习资源，满足学习者的不同学习需求。

疫情下，上海市政府和教育决策者们充分展现"不让一个学生因疫情失学"的勇气和智慧，系统设计实施"全在线、全日制、全学段、全覆盖、全媒体、全免费"的空中课堂。"大规模线上教学使普通中小学，特别是郊区、相对薄弱学校的学生，能有机会接受优秀教师的高水平教学，实际上促进了教育优质均衡发展；线上教学也使普通一线教师有机会全程观看和聆听一流教师的教学，向优秀教师学习，从而更新教学理念，提升技术应用和教学水平。"[7]优质均衡一直是全球教育持续追逐的梦想之一，上海疫情下大规模在线教育的成功实践，为其提供了可资借鉴的实践案例。

3. 技术应用：从争议到期待

疫情中的教育实践，引发了人们对教育中技术应用的新思考、新期待。在线教育中，教师面临如何对学生进行有效监督和管理的难题。如何将教师与学生间的技术连线有效转化为教学连线？如何保持传统课堂学习者间的共同体连线？如何创设有效的在线测试模式？等等。这些都是在线教育面临的直接难题。此外，面对学习者的态度和能力各不相同，教学过程中，教师如何实现面向小班学生到面向全部学生的积极转变，也需要较长的探索过程。为学生定制的个性化教学方案、推送个性化作业任务等的"自适应教学系统"，值得期待。人工智能技术与大数据技术相结合，数据驱动大规模因材施教，充分应用优质教育资源惠及每一所学校和每一位学生，应成为未来教育发展的基础。

4. 变革发展：从理论到实践

疫情下的在线教育是危机中的无奈之举，但数字教育是人类从工业社会进入信息社会的必然选择。危机中的在线教育也让近年来讨论的翻转课堂、探究式学习等模式得以深入实践和系统探索。校长和教师虽然反馈在线教学缺乏师生互动、缺乏技术保障等，但普遍对在线教学产生的积极因素持总体肯定态度。如何在后疫情时代的常态教学中融入和应用积累的经验，正成为教育工作者当前主要的关注点。不少学校正在全力探索将积累的优质在线资源和教学方式融入传统线下学习中。作为势在必行的数字教育，正在经历以技术为本到以人为本的回归、从碎片化到系统化和从脉冲式到常态化的过渡。如何建构新的教学范式，将成为全球教育变革和数字化转型的重点探索领域。

三、以教育变革育新机、开新局

当今世界，不断加剧的全球教育危机已引起国际社会广泛关注。在2022年联合国教育变革峰会上，[8]130多个国家承诺优先发展教育，三分之二的国家承诺补偿经济薄弱社区的教育支出，近二分之一的国家承诺优先弥补青少年学习损失，三分之一的国家承诺保障学生和教师身心健康。峰会强调了聚焦数字学习和转型，利用数字技术推动远程学习的创新发展。[9]这种创新发展，不能简单理解为对传统教育的改善，不是微观局部技术应用的迭代升级，而是围绕教育理念更新和教育模式变革的系统性改变，外部建构教育新生态，内部重塑教育新形态。但尽管是系统性甚至革命性改变，教育促进人的发展和社会发展的宗旨不会改变，也不能改变，必须坚持按教育规律办学，依人才成长规律育人。

1. 建构数字时代的教育理念和教学范式

传统的教育教学理论基本都是建立在对现实的、面对面的教育活动的认识之上。新的融合数字技术的线下线上教育，虽然教育目的和教育本质不会改变，但教育的外部生态和内部形态发生了变化。过去有关学生成长阶段、学习特征、课程形态和教学模式等的认识，都需要有新的研究来支撑，建构新的支撑理论和实践范式，重塑新的教育理念、体系和内容。

全面发展的教育目的，如何通过数字教育得到贯彻？数字教育发展初期，如何避免对"知识"的片面重视？从危机中的线上教育实践来看，囿于支撑师生互动的技术和设施保障能力局限，在线教育的前景热点更多被局限在"内容分享"功能上。关于知识学习的线上功能往往会首先被开发，如名师教学视频、个性作业系统等。因此，如何弥补道德的社会属性力量缺失，如何配备体育锻炼的空间和时间，并且减少网络学习带来的视力下降、体重上升等一系列健康问题，如何保证学生能够在网络学习中培养欣赏美和创造美的能力，如何在虚拟的空间中继续培养学生的劳动意识和劳动素养，都是需要攻克的难题。

未来数字教育的教学过程将会以怎样的形态和范式展开？在线教育可能将师生间的学习互动模式扩展为以学生自主学习为主、智能技术辅助、数字资源支撑的新学习形态，但这种学习形态尚未以一种人们能清晰理解的方式展现在大众面前。相反，一方面学生学习自由度受限，另一方面学生自律性有限，导致不能自主地按照计划开展学习等情况仍较普遍。哪些问题是真正的问题，哪些问题会随着数字教育的开展而淡化，需要更深入的观察和思考。[10]

2. 优质资源和应用共享促进区域均衡

数字化内容分享和应用系统复用的边际成本极低，迁移与使用对技术和设备的要求相对也不高，这将有利于优质内容资源大规模覆盖薄弱校，利于成熟好用的应用系统广泛复制到空白校，对于抬高底部、促进高质量教育均衡效果明显。[11]2020年疫情下，上海在大规模在线教育中还发现，优质教育资源共享在促进薄弱校教师教学水平和激发强校教师活力方面同样效果明显。

从中国教育扶贫和教育均衡发展的经验来看，当前全球范围内，推进优质教育资源共享，是短期内化解经济薄弱国家教育危机最为直接和有效的方案。但是需要清醒地认识到，优质资源和应用的共享，并不能解决教育发展到工业时代与数字时代交汇期面临的矛盾和深层次问题。[12]

3. 提升全民数字素养与技能

从世界范围来看，教育的根本任务是培养合格的社会公民和建设者。全面提升师生数字素养与技能，是教育数字化转型的根本目标。

数字素养与技能是数字社会公民学习、工作、生活中应具备的数字获取、制作、使用、评价、交互、分享、创新、安全保障、伦理道德等一系列素质与能力的集合。提升全球学习者数字素养与技能，培养具有数字意识、数字化逻辑思维、终身学习能力和社会共同体责任感的数字公民，激发其建设人类命运共同体的积极性、主动性、创造性，无疑将从根本上奠定化解未来人类社会重大危机的基础。

4. 创建高质量个性化终身学习体系

一个适应新时代发展需要的高质量教育体系，是教育数字化转型的具体体现。创建的基本遵循是，让每个孩子享有人生出彩的机会。核心是"以人为本"，关键在"因材施教"，动力源于学习者兴趣，数据驱动大规模因材施教成为新的教育核心范式。聚焦人的全面健康快乐成长，设计更具弹性的个性化学制，为每个人提供最适合的教育，不仅成为可能，而且成为首要指向。

其一，将工业社会学校教育体系最终升级为个性化终身学习体系。建构大规模个性化自主探究学习范式，充分满足学习社会性与个性化结合的要求。为每个学生提供更加适合的学习生态，以学习者为中心，通过数字技术，教师帮助学习者发掘个人潜质，激发学习兴趣，指导、督促学习者在最具天资、最感兴趣的领域，用最科学、最有效的方式自主学习。

其二，将工业社会备用式知识学习升级为学习者能力建构。可即用即查（学）的知识将逐渐从教育内容中被剥离。数字意识、计算思维、数据治理和综合创新能力构成新的教育内容主体。

数百年未有之大变局，世界陷于史无前例的危机。这一切提醒我们，技术进步未必带来文明永续，七十年世界和平未必意味着和平自然而然。原以为势不可挡的经济全球化趋势可能逆转，人类命运共同体理想的共识还远未达成。教育危机既是今天的危机，更是明天的危机，变革势在必行，迫在眉睫。各国各地区面临的主要问题可能不同，但都是人类需要共同面对和解决的危机中的问题。

【参考文献】

[1][4][8] 安东尼奥·古特雷斯. 变革教育：我们共同未来的紧迫政治行动 [J]. 中国基础教育，2022（2）.

[2] 经济合作与发展组织 . 新冠肺炎如何将技术在教育中的作用置于聚光灯下 [Z/OL].[2022−10−20].https：//www.oecd.org/education/education-at-a-glance/.

[3] 联合国 . 有关新冠肺炎疫情对儿童影响的政策通报 [EB/OL].（2020−04−16）[2022−10−20].https：//www.un.org/zh/transforming-education-summit.

[5] 世界银行 . 实现学习的未来：从学习贫困到人人皆学处处能学 [Z/OL].（2020−12−02）[2022−10−20].https：//www.worldbank.org/en/topic/education/publication/realizing-future-of-learning-from-learning-poverty-tolearning-for-everyone-everywhere.

[6][7] 安德烈亚斯·施莱歇尔，李永智 . 不寻常的一年：全球学校教育观察 [M]. 上海：上海教育出版社，2022.

[9] 联合国教科文组织 . 全球教育互联互通宣言 [Z/OL].[2022−10−20].https：//zh.unesco.org/futuresofeducation/get-involved/duixuanyanfabiaopinglun.

[10][11][12] 李永智 . 教育数字化转型的构想与实践探索 [J]. 人民教育，2022（7）.

以数字化开辟教育发展新赛道

目前面向未来的教育发展的首要症结，既不是公平和质量，也不是教育经费或资源的低效使用，而是学校系统组织方式的落后。当前教育的一些深层次矛盾，虽经持续努力和深化改革仍难以解决，甚至因深入发力造成边际效益为负的"内卷"，究其根源是工业时代的教育理念和教育体系无法适应数字时代发展。

教育只有知识的传授是不够的，还需要道德和精神的树立；需要思维能力、创新能力、协同能力等的培养；需要情感、态度、价值观的培育；需要以一种更加广阔的视野向学生传播新的文明观，推动构建人类命运共同体。

随着数字技术深入广泛应用，可即用即查（学）的知识将逐渐从教育内容中被剥离。数字意识、计算思维、数据治理和综合创新能力构成新的教育内容主体。

教育数字化转型是一项创新、复杂的社会系统工程，关系民族复兴大业，涉及千家万户，实施难度大、风险高，理应先立后破，谋定而动。

3.1　以数字化开辟教育发展新赛道 ①

习近平总书记指出，教育数字化是我国开辟教育发展新赛道和塑造教育发展新优势的重要突破口。这是面向第二个百年奋斗目标，把握新一轮科技革命和产业变革机遇，顶层谋划教育改革发展的重大战略论断，揭示了教育数字化的关键作用，为建设教育强国指明了方向和路径。

深刻认识教育数字化的重大战略意义

教育数字化是科技革命和生产力发展的时代要求。 人类因教育而文明，教育因科技而发展。回顾历史，每一轮科技革命都会给人类文明及教育形态带来革命性影响。造纸术、印刷术将知识传播到更广泛人群，工业时代科技革命促进学校教育体系建立。新一代数字技术迅猛发展和日益普及，为数字时代教育新形态和学习型社会建立提出了要求，提供了可能。

教育数字化是建设教育强国的必然要求。 教育兴则国家兴，教育强则国家强。党的二十大提出，2035 年要建成教育强国。当前教育的一些深层次矛盾，虽经持续努力和深化改革仍难以解决，甚至因深入发力造成边际效益为负的"内卷"。究其根源是工业时代的教育理念和教育体系无法适应数字时代发展的要求。教育强国建设必须破解这些矛盾。近年来，主要发达国家和国际组织竞相制定教育数字化发展战略。国际经验表明，教育数字化正成为解决教育深层次问题的突破口。

教育数字化是办好人民满意教育的迫切要求。 习近平总书记指出，教育强国建设最终是办好人民满意的教育。工业时代教育形态存在学科间脱节、学段

① 本文原载于《人民日报》2023 年 10 月 13 日第 9 版人民观察专栏。

间脱节、知行脱节、理论与实践脱节，严重影响教育目标达成，影响办好人民满意的教育。教育数字化以大数据驱动大规模因材施教，提供精准、个性化、系统化学习方案，能够为每个学生提供适合的教育，更好满足人民群众对"上好学"的需要。同时，数字技术可以高效扩大优质教育资源覆盖面，缩小教育的城乡、区域、校际、群体差距。

教育数字化已取得显著成效

2022 年 1 月，教育部全面启动实施国家教育数字化战略行动，以建设国家智慧教育公共服务平台为抓手，在优质资源共享方面取得重大突破。

（一）教育数字化思维观念更新升级

教育部明确提出要树立联结为先、内容为本、合作为要的"3C"（Connection、Content、Cooperation）理念，建立"应用为王、服务至上、简洁高效、安全运行"的原则，全面赋能学生学习、教师教学、教育治理、研究创新，为推进教育数字化转型提供了思想引领。各地党委政府高度重视教育数字化工作，将其作为构建高质量教育体系的重要组成部分。广大教育工作者不断更新教育理念，提高数字素养，积极探索利用数字技术破解教育教学难题。以数字化赋能教育高质量发展已经成为社会普遍共识。

（二）教育数字化基础设施日趋完备

目前，各级各类学校互联网接入率达到 100%，超过四分之三的学校实现无线网络覆盖，99.5% 的学校拥有多媒体教室。教育部等部委协同推进教育新基建，积极布局教育专网建设，推动 5G、IPv6 等网络技术落地应用。各地加快建设智能交互教室、虚拟仿真实验室等教学环境，加强物理空间与虚拟空间的衔接融合，推动教育基础设施实现迭代升级。

（三）优质数字教育资源实现普惠共享

国家智慧教育公共服务平台不断丰富优质资源供给，积极拓展功能应用，打造教育领域重要的公共服务产品。目前，平台汇聚了超 4.8 万条中小学资源、1400 多个职教专业教学资源库、2.7 万门优质大学慕课，上线"树人课堂"等专题资源，为广大师生和社会学习者提供了"一站式"服务，已基本建成世界第一大教育教学资源库。

（四）教育数字化创新应用不断深化

各地广泛开展教育数字化应用实践，推动数字技术在教育领域的常态应用和深度融合，利用人工智能等技术创新教育教学场景，探索形成了数字化教学、智能化测评、精准化治理等应用模式，在服务"停课不停学"、"双减"落地、家校社协同育人、大学生就业等方面发挥了重要支撑作用。

（五）教育数字化国际影响力有效提升

加强教育数字化的国际交流合作，成功举办世界数字教育大会、国际人工智能与教育会议等国际研讨会，发布《中国智慧教育蓝皮书》和发展指数、《世界高等教育数字化发展报告》等原创研究成果，发布世界数字教育发展合作倡议，分享中国经验，提供中国方案，向世界发出了响亮的中国教育声音。

准确把握数字化开辟教育新赛道的内涵与目标

构建数字时代的教育新形态，必须突破传统教育体系和制度的路径依赖，实现以"教育之变"答好"时代之问"。

更新教育理念。 教育数字化通过数字技术全面赋能教育，推动"大规模的标准化教育"转向"大规模的个性化学习"，实现个人发展与社会发展全面高度统一，因材施教的千年梦想变成普遍现实。一种蕴含公平、质量、大教育、终身化的教育理念真正确立。

重塑教育体系。 随着教育数字化转型，以学校教育为核心的现代教育体系将向家校社协同育人发展。教育将突破学校边界，家庭和社会共同成为教育的重要场景。根据人的成长规律和认知规律，设计更具弹性的个性化学制。教育、科技、人才工作统筹推进。产教互动、科教融汇成为普遍态势。各类教育对产业变革和科技创新的支撑作用更加凸显。

变革教育模式。 通过教育数字化，学习将融合物理空间、社会空间和数字空间，构建以学习者为中心的教育教学场景，培育跨年级、跨班级、跨学科、跨时空的学习共同体，形成以数据驱动大规模因材施教为核心的教学新范式。未来，学习共同体可基于数字空间，根据教与学需要随时建立或解散，取代传统班级成为常态化基本教学单位。

创新教育内容。数字时代的教育内容将围绕素养导向、能力为重的育人目标实现革新，以培养学习者的高阶思维能力、综合创新能力和终身学习能力为指向，把数字素养与技能培养摆在突出位置。在内容组织形态上，基于系统化的知识点逻辑关系建立数字化知识图谱，设置跨学科学习主题，改变学科壁垒森严、学段衔接不足、知识技能脱节的情况。在内容呈现方式上，通过AR/VR和元宇宙等技术提供的社会化数字空间，帮助学生直观感受到自己原本难以触及的真实样态和事物本质，让学习成为更加美好的体验。

优化教育治理。教育数字化将全面梳理物理空间传统业务流程，抽象建立业务的完整数据流程，运用人工智能技术，统筹数据的处理、流转、存储，以数据治理简化业务流程，最终在数字空间建立新的业务逻辑闭环，完成业务流程再造。未来，教育将以数据治理为核心、数智技术为驱动，提升管理精细化、服务精准化、决策科学化水平，真正实现教育管理向教育治理的系统性跃迁。

全面深化教育数字化转型的路径与举措

教育数字化发展越深入、改革越向前，数字教育与传统教育的碰撞就会越激烈。要突破传统教育观念局限，整体推动教育教学模式变革，不断完善与数字教育相适应的体制机制和发展生态，努力走出一条中国特色的教育数字化发展道路。

（一）持续优化教育顶层设计

将教育数字化作为教育强国建设规划纲要的重要内容，从国家战略高度对其进行系统规划和整体布局，针对不同区域、学校、学段等提出针对性政策举措。研制数字教育标准体系，为各地教育平台建设、教育数据共享、数字化教学应用、网络安全运维等提供统一标准和系统指导。

（二）全面提升师生数字素养

建设系统完备的数字教育人才培养机制，着力打造教师数字素养培育的多元平台和重点项目，持续深入实施教师信息技术应用能力提升工程，不断提升教师开展数字教育的意识和思维，充分激发数字化教学创新动能。建设覆盖全学段的数字教育课程体系，将数字素养融入教育教学全过程，通过课程改革、教材编写、实习实训等方式，进一步提升学生的数字素养、高阶思维和终身学习能力。增强全民数字化适应力、胜任力、创造力，为建设学习型社会、学习型大国注入源源不断的动力。

（三）充分激发数据要素作用

将数据作为新型教育要素，纳入教师教学、教育评价、教育管理的全过程各环节，进一步强化数据赋能作用，充分激发"教育生产力"。着力提升教师的数据采集、分析、应用能力，推进大数据赋能教育教学的常态化应用，以大数据驱动大规模因材施教，为每个学生提供适合的教育。推进基于全过程全要素数据、面向学生成长的伴随式综合素质评价，推进基于大数据的教育质量监测评估。建设国家教育大数据中心，推动各类教育数据的有效汇聚和整合应用，运用智能算法算力，匹配典型教育场景，构建业务数据模型，基于数据自动处理、优化、升级、再造业务流程，全面提高教育治理体系和治理能力现代化水平。

（四）深入推进教学范式变革

推动数字技术驱动的教育教学场景创新，丰富自适应学习、学情智能诊断、智慧课堂评价等场景应用，推动线上线下融合互动，撬动深层次课堂变革，创新以学习者为中心的教学模式。加强智能教学系统、智能教学助手、智能学伴等的普及应用。打造数字教师，探索生成式智能技术在教与学各环节应用，深化人技协同，推动规模化教育与个性化培养有机结合。扩大覆盖城乡的泛在终身学习公共服务供给，推动普通教育、职业教育、继续教育、社区教育等有机融合，探索灵活弹性的教学组织方式，支持学习者随时随地因需学习，形成高质量个性化终身学习体系。

（五）整体推动数字教育生态建设

健全教育数字化的多元投入机制，强化财政性经费保障，充分发挥市场在资源配置中的效率作用，加大对农村、边远、民族地区的倾斜力度，促进教育数字化协调发展。拓宽教育服务供给路径，通过购买服务等方式引导社会力量参与教育数字化建设，健全政产学研一体化的协同创新机制，确保数字基座搭建、教育应用开发、基础设施运维等教育服务持续健康发展。加强教育国际交流合作，提升数字教育标准规范制定的国际话语权，打造全球数字教育发展共同体。

3.2　高校 BBS 20 年回顾 ①

中国互联网 20 年发展历程中，高校 BBS 曾是互联网知识启蒙、人才培养、文化孕育的源头。互联网业界，无论土豪，还是屌丝，多从其中走出。他们倾注过激情，也留下值得守望的回忆。相比之下，时下的高校 BBS，虽仍是校园网主要平台之一，但人气和影响长期徘徊在低谷，食之无味，守之无望，俨若"鸡肋"。回顾高校 BBS 从辉煌到"鸡肋"的历程，对高校网络建设和管理具有启示作用。

高校 BBS 的发展历程

BBS 是英文 Bullet in Board System 的缩写，译成中文是"电子公告牌"，是一种向用户提供公共电子白板、每个用户都可以在上面发布信息或表达看法的电子系统。BBS 雏形初现于 20 世纪 70 年代的美国。1984 年，Tom Jonning 开发出一套电子公告板程序——FIDO，支持 BBS 系统间的实时连线、信息自动互传和电子邮件传送，BBS 网络化开始萌芽。1994 年，中国国家智能计算机研发中心建立了中国大陆第一个 BBS 站点"曙光 BBS 站"。

国内高校 BBS 发展经历了三个阶段。

第一阶段是建立和成长阶段（1995—2000 年）。1995 年 8 月 8 日，CERNET（中国教育和科研计算机网）上的水木清华 BBS（清华大学校园 BBS）正式开通，成为中国大陆第一个高校 BBS。随后，国内知名高校相继建立自己的 BBS（见表 1）。高校 BBS 建立初期，主要起着互联网知识普及和学术交流作用，是国内众多首批懵懂触网者的启蒙地，虽用户人数不多，却是当时中国互联网引

---

① 本文原载于《中国高等教育》2016 年第 19 期。

领应用和孕育人才的中心。

表 1　部分知名高校 BBS 概况

网站名称	建站时间	版块总数	日均上站人数	日均发帖量
西安交通大学兵马俑 BBS	1995 年	394	5000	2000
上海交通大学饮水思源 BBS	1996 年	357	3000	2000
复旦大学日月光华 BBS	1996 年	381	1900	8200
华中科大白云黄鹤 BBS	1996 年	295	24000	3900
南大小百合 BBS	1997 年	455	5000	50000
北大未名 BBS	1999 年	1383	1400	5000
东南大学虎踞龙蟠 BBS	1999 年	265	2240	2500
天大求实 BBS	2001 年	907	331	400
重庆大学民主湖论坛	2002 年	121	—	2500

　　第二阶段是繁荣和躁动阶段（2000—2005 年）。2000 年开始，国内高校掀起建立 BBS 热潮。据统计，这段时间全国 2000 多所高校 80% 建有 BBS 系统。一些高校 BBS 拥有数百版面、数千人同时在线、数万注册账号。随着学生毕业离校，非在校生用户比例不断扩大，有的兼任站务管理人员。部分站务管理人员成长为校园舆论领袖。讨论内容从学术到生活，从校内到校外，越来越丰富庞杂，时事政治渐为焦点。几个知名高校 BBS 在社会上也具有举足轻重的舆论影响力。

　　第三阶段是规范和维持阶段（2005 年至今）。2005 年是高校 BBS 发展转折点。当年 3 月教育部和团中央联合发文，要求高校 BBS 回归"校内网络用户信息交流平台"的基本定位，实行用户实名注册制度（一般简称"高校 BBS 管理两项措施"），加强对谣言、煽动非法聚集等有害信息的管理。近年来类似措施已在社会网站逐步推开，并被接受。但当时引起了强烈反应。有的知名 BBS 无奈关闭，有的知名 BBS 名存实亡。多数高校 BBS 人气坠落，一蹶不振。这之后，没有实施实名注册制度的社会论坛，分流了高校 BBS 大量用户；即时通信工具（如 QQ）功能扩展，社交网络（如人人网）迅猛普及，使高校 BBS 用户进一步流失；微博、微信的异军突起，更加剧了这种趋势。

高校 BBS 的历史特征

互联网进入中国 20 年中，BBS 堪称网民参与互动最多、影响范围最广、活跃时间最长、催生舆论最快、引发群体事件最大、最受政府关注的网络应用。2005 年之后，社交网络、QQ 群、微博、微信在用户数、信息量、黏着度等方面，相继超越 BBS，但 BBS 在网络舆论场仍发挥着独特的作用，保持着一定的活跃度，究其原因，源于其本身特性。一是匿名表达。某些时候网民更愿隐藏身份发表意见，发泄情绪。二是扁平扩散。BBS 可以帮助网民更直接快捷地向陌生群体传播信息。三是平等交互。BBS 用户间讨论交流，不会受到各自社交关系、身份地位等影响。四是公共讨论。广泛参与、头脑风暴式的群议，使 BBS颇具公共特征。五是自由方便。这一点可以说是网络自媒体的共性。六是默认的校园网络社区归属与互信。

高校 BBS 除上述共性外，还在运营模式、参与群体、讨论内容、培养人才和孕育文化方面独具特征。

1. 运营模式随意多样草根性强

早期的高校 BBS，多是学生自主创建的，利用学校免费提供的校园网络环境，为师生提供公益性服务。管理团队由学生志愿者组成。管理模式灵活多变，松散随意，一般没有长远规划和目标。硬件升级通常由学校、社会赞助或校友提供。2005 年规范管理后，高校对校园 BBS 从指导或不管转为间接管理。校园 BBS 管理部门，有的在团委，有的在学生工作部，有的在宣传部，有的在校办，有的在网络中心，等等。管理部门委派教师负责管理团队，重点一般在校园舆情掌控。高校 BBS 运营并没有实质加强。这一阶段，高校 BBS 的硬件条件和网络环境得到明显改善，但远不及商业化运营的社会 BBS，且差距越来越大。

2. 参与群体高知高智流动性强

高校 BBS 的参与群体主要是在校师生、毕业校友和少数专业人士，总体具有较高的科学文化素质和修养，相似的学习经历和兴趣，相近的价值取向和判断力。对学术问题讨论专业具体，对时事政治关注深层长远，对生活娱乐喜欢追逐时尚。与社会 BBS 参与群体相比，分析表述能力和理解接受能力更强，更理智，但也不乏激情澎湃。随着每年毕业生离校和新生入校，高校 BBS 参与群体周期性吐故纳新，注入活力，用户具体构成表现出较强流动性。这种流动性并不影响高校 BBS 参与群体高知高智的特性，也不影响基本构成，但在每年毕业、入学、考试、放假等时间节点，在内容、活跃度等方面，呈现明显的律动性。

3. 讨论内容追新逐异启蒙性强

从高校 BBS 初建，传播知识即成为其主旨。建立初期，帖文基本都是与知识相关的提问和回答。包括：网络知识和应用技巧，学习中遇到的问题，生活中遇到的困难，专业领域前沿发现和趋势等。通过这些问答交流，懵懂触网者接受互联网知识的启蒙，专业钻研者接受学术新发展方面启蒙，新人接受进入陌生专业领域的启蒙。发展到兴盛期，各高校 BBS 顺应用户需求，增开大量版块，涉及政治、经济、文化等社会各个领域，以及高校内部教学、科研、管理和服务等各个方面，进一步拓展了对学生感情、心理、思想、文化、道德等方面的启蒙教育。这种作用，随着学生毕业传导入社会。

4. 培养人才基于实践创新力强

在高等学校人才培养过程中，高校 BBS 发挥着独特作用。首先，高校 BBS 的知识启蒙功能，形成对课堂教学的有益补充。学生通过 BBS 探究学习攻略，解决疑难问题，涉猎非本专业知识，开展头脑风暴，对于突破传统知识壁垒和线性思维限制，培育创新思维、创新能力很有帮助。其次，高校 BBS 为参与管理的学生团队提供了技术、管理、协作能力养成的实践平台。绝大多数高校 BBS 站务团队全部由学生组成，少则几十人，多达几百甚至上千人。他们独立开发软件、创新应用、运营网站、组织线下活动，接受实践考验，在实践中验证创意。目前，中国互联网界很多成功人士都有高校 BBS 工作经历。中国知名互联网企业年轻骨干中，很少没有接受过高校 BBS 熏陶的。

5. 孕育文化积极向上引领性强

经过近 20 年的发展，高校 BBS 孕育出总体积极向上的校园网络文化，随着每年数百万毕业生走入社会，对社会网络文化形成一定引领。其特征包括：无私互助的精神，爱校爱国的情怀，鲜明的时代烙印，对美好生活的追求，嫉恶如仇的态度。讨论爱情、追逐时尚是几乎所有高校 BBS 必有的内容，也是最受欢迎的内容。近年来，高校 BBS 也出现了功利性、娱乐化的趋向，但以上主要特征仍然明显。

高校 BBS 的现实困境

毋庸置疑，目前高校 BBS 影响力逐步式微。有人形象地称之为"鸡肋"：食之无味，守之无望。据 2014 年观察 9 家有代表性高校 BBS，多处在如下困境中。

一是用户关注度和参与度明显下降。高校 BBS 在 2005 年左右纷纷达到最高同时在线人数的峰值。2006 年后，峰值不再，网民关注度逐渐走下坡路。样本中，代表着网站黏着度的活跃 ID 占总 ID 的比例最高也不超过 30%，最低是个位数。除热门版块外，其他版块不同程度地出现了衰落的迹象，面临关闭困境。

二是内容娱乐性和实用性占据主要。情感诉求、二手交易、工作信息、娱乐功能是目前高校 BBS 的共性功能；实用信息也是各高校 BBS 十大热门版块中主要内容。如上海交通大学饮水思源 BBS 的"交大快讯"版块和东南大学虎踞龙蟠 BBS 的"校园特快"版块。

三是老"意见领袖"逐渐退隐，新"意见领袖"尚未形成。每个高校 BBS 在鼎盛期都活跃着一批"意见领袖"，他们活跃气氛、导向舆情、制定规则、创新技术、扩大宣传，是 BBS 的骨干和主心骨，也是 BBS 发展的发动机。随着老"意见领袖"淡出，新成员难以得到认可，确立"江湖地位"，BBS 凝聚力越发低迷。

造成这种状况原因是多方面的，有内因，有外因，也有先天"基因"缺陷。

1. 高校对 BBS 的定位是影响其发展的"内因"

互联网具有天然的追求自由的特性。有的高校视 BBS 为惹是生非的洪水猛兽，坚决抵制不开；有的即使开了，也采取不管不问不支持的态度，任其发展；有的高校只是把 BBS 定位为大学生思想政治教育的阵地，把 BBS 当作监控、维稳的工具，遭到网民"默杀"抗拒甚至"逃跑"。高校 BBS 的管理者多为学生自愿组织或勤工助学的同学，他们流动性较大，专业性不够，培训不充分，管理水平欠缺，创新较为困难，一定程度上也影响了高校 BBS 的发展。

表2　部分高校 BBS 建站至今注册 ID 数量及活跃 ID 比例

网站名称	建站以来注册 ID 数	平均每年注册 ID 数	活跃 ID 数	活跃 ID 占总数比例
南大小百合 BBS	73690	4605	11790	16%
西安交通大学兵马俑 BBS	47910	4355	8000	16.7%
上海交通大学饮水思源 BBS	57315	4093	2081	3.6%
民主湖论坛（重庆大学）	48234	3445	12251	25.4%
北大未名 BBS	53605	3153	570	1.1%
复旦大学日月光华 BBS	47500	2794	7600	16%
天大求实 BBS	31611	2634	499	1.58%
白云黄鹤 BBS	43651	2425	12920	29.6%
东南大学虎踞龙蟠 BBS	31545	1855	—	—

表3　六所高校 BBS 最高上站 ID 数及时间

网站名称	最高上站 ID 数量	最高上站 ID 时间
西安交通大学兵马俑 BBS	5632	2004 年
上海交通大学饮水思源 BBS	6832	2006 年
复旦大学日月光华 BBS	10407	2006 年
南大小百合 BBS	11000	2004 年
北大未名 BBS	8346	2006 年
天大求实 BBS	3674	2008 年

表4　高校 BBS 十大热门版块

网站名称	十大热门版块
南大小百合 BBS	贴图版、跳蚤市场、世界足球、女生天地、手机天地、百合论坛、百年好合、创业与求职、南大校园生活、校长信箱

（续表）

网站名称	十大热门版块
西安交通大学兵马俑BBS	二手货市场、说说咱交大、找工作、执子之手、贴图版、交大博士、笑话、工作一族、能源与动力工程学院、研究生院
上海交通大学饮水思源BBS	交大快讯、幽默笑话、求职交流、上班族、美丽人物、鹊桥、二手货市场、爱与恋的感情世界、勤工助学、研究生之家
民主湖论坛	视点、人文社科、鱼游天下、黄桷树下、计算机软件、心语馨愿、就业信息、爱漫一族、好摄之徒、民主湖鹊桥
北大未名BBS	别问我是谁、跳蚤市场、鹊桥、三角地、笑口常开、找工作啦、美食天地、实习、谈情说爱、信息科学技术学院
复旦大学日月光华BBS	上班一族、时事信息、证券投资、教师沙龙、房地产业、围城内外、育儿、个人理财、汽车、嘻嘻哈哈
天大求实BBS	天大快讯、鹊桥、贴图、找工作、兼职信息、二手市场、跑道人生、工作生活、化工学院、笑话连篇
白云黄鹤BBS	贴图、鹊桥、跳蚤市场、华中大学子、幽默角、爱情、求职讨论、廉租房信息、上班族、就业信息发布
东南大学虎踞龙蟠BBS	欲将心事付网中、跳蚤市场、贴图、校园特快、缘分的天空、幽默人生、女孩心声、摄影天地、打工一族、星座、九龙湖校区

2. 新技术应用的冲击是高校 BBS 式微的"外因"

进入 21 世纪，新媒体技术应用日新月异。一是博客。20 世纪 90 年代中期博客开始萌芽，到 2000 年开始崛起，2006 年就进入高速发展期。二是社交网站。2003 年 3 月第一家 SNS（社交网站）Friendster 在美国诞生，2004 年 Facebook 建立。国内 SNS 兴起于 2005 年前后，校内网（后来的人人网）、豆瓣网、开心网（2008 年）直到 QQ 校友网（后来的朋友网），中国 SNS 市场的竞争进入大规模应用阶段。根据中国互联网络信息中心（CNNIC）的统计，2008 年，中国网民中使用社交网络的人数只有 5800 万，在网民中的占比不足 20%，然而到了 2009 年，社交网站用户飙升为 1.76 亿，到 2010 年进一步增长到 2.35 亿，在网民中的渗透率达到 51.4%。三年增速之快，令人瞠目。三是即时通信工具。1996 年 7 月成立的 Mirabilis 公司于同年 11 月推出了全世界第一款即时通信软件 ICQ 开启了 IM（即时通信工具）的时代。国内聊天工具腾讯 QQ 于

1999 年 2 月诞生。2002 年开始，国内大批软件厂商和互联网站都推出自己的 IM 软件，包括 TOMSkype、新浪 UC、网易 POPO、雅虎通、263-e 话通等。四是移动互联网应用。从飞信到微信，基于智能移动终端的 App 应用层出不穷，琳琅满目。无人不网、无处不网、无时不网，已成校园新常态。这些新兴媒体无形中一点一滴吸引着年轻的大学生，一步一步稀释着高校 BBS 的人气。

3. 新技术应用滞后和创新不足是高校 BBS 式微的"主因"

表 5　高校 BBS 应用的新媒体技术

网站名称	已应用或计划应用的新媒体技术
西安交通大学兵马俑 BBS	消息提示，@ 功能，api 架构
上海交通大学饮水思源 BBS	回复提醒，ios 客户端（第三方），android 客户端（第三方）
复旦大学日月光华 BBS	无
白云黄鹤 BBS	@ 功能，偷偷暗恋你，热门讨论区，开通发件箱功能，本站开通自助密码找回功能，term 支持新鲜事
南大小百合 BBS	@ 功能，分享功能
北大未名 BBS	@ 功能，订阅回复，新聊天界面
东南大学虎踞龙蟠 BBS	@ 功能，回复提醒，分享功能，新的 nForum 用户界面
天大求实 BBS	回复提醒，点赞功能
民主湖论坛	@ 功能，一键转发到微博、校内、QQ 等

从表 5 中可以看出，尽管目前的新媒体技术日新月异，但很多高校 BBS 并没有认真对待和充分应用。比起高校 BBS 话题主题随机性、人气松散性的状况，SNS 社交网站则可以进行互动，IM 即时互动更加迅捷；高校 BBS 多数只能通过台式机、笔记本以 Web 方式登录，SNS、IM 通信工具等用户可以通过手机客户端接入网络。甚至在智能手机上网方式出现以前，大学生往往是用电脑 Windows 系统通过校园网络以 Web 方式登录 BBS，该方式网速慢、访问受限。随着智能手机的普及，手机登录 SNS、微博、微信等客户端比较方便快捷。学生们可以不受时空的限制，在课堂或其他任意场所通过登录手机 SNS 网站或聊天软件。相反，很多高校的 BBS 并没有手机系统客户端，限制了大学生对 BBS 的使用率。

历经 20 年发展，高校 BBS 从辉煌到鸡肋，在一些高校仍顽强生存。支持者说，高校 BBS 是师生情绪的晴雨表，也是解压阀；是校园网络文化的平台，也是窗口。质疑者说，观念保守，使 BBS 在高校丧失了发展的动力和活力；定位狭窄，使 BBS 丧失了在信息技术领域人才培养、技术普及、文化创新方面的先发优势；技术固守，使 BBS 丧失了自我更新的最后机会。质疑者进而认为，高校 BBS 之所以存在，一是怀旧者的情怀，二是管理者的无奈。总而言之，高校 BBS 之昔日辉煌和今日困境已毋庸置疑。目前，信息社会大幕刚刚开启，层出不穷的信息技术新应用，为高校人才培养、创新创业、科技发展、文化传承提出了新的要求，提供了新的机会，高校领导者需要下定凤凰涅槃和腾笼换鸟的决心，与时俱进，谋划建设好高校网络新平台、新高地！

3.3 国家中小学智慧教育平台要逐步从资源服务向学习服务转变 ①

国家中小学智慧教育平台根据需求牵引、共建共享、育人为本、集成创新的基本原则，在原有专题教育和课程教学资源的基础上新增了课后服务、教师研修、家庭教育、教改实践经验等四类资源，覆盖学前教育、义务教育、普通高中教育、特殊教育等领域，聚焦教师、学生、家长等各群体需求和课前、课中、课后教育教学全过程，为中小学课堂教学、学生学习、教师研修、家庭教育等提供专业化、精品化、体系化的资源服务，并通过教育教学中的常态化应用，促进信息技术与教育教学深度融合。

一个内容丰富的综合性智慧平台

国家中小学智慧教育平台是集学生自主学习、课堂互动教学、教师研修培训、家校协同育人于一体的综合性智慧教育平台。

资源全而优。课程教学资源涵盖不同版本教材的教学资源，力求服务满足全国师生的需求。制定资源建设质量保障制度，依托高水平研发团队开发遴选优质资源。

应用强支撑。重视教师和学生使用资源的培训和指导，建立应用激励机制和跟踪考评机制，开展常态化应用评估督导。

服务重均衡。作为国家级平台，提供的是优质均衡的基本公共教育服务，尤其是服务农村学校提高质量，缩小区域校际教育差距。

更新可持续。课程教学资源根据教材修订情况及时更新，确保资源适用

---

① 本文原载于《中国教育报》2022 年 3 月 16 日第 4 版。

性,通过颁发证书、评奖评优等激励机制,确保可持续。

发挥"抬高底部、激活头部"的重要作用

国家中小学智慧教育平台的落地应用,起着"抬高底部、激活头部"的作用。对于教育欠发达地区学校而言,优质教育资源的共享和利用必将提升此类学校的教育质量。同时,平台的常态化应用,势必推动解决底部学校终端设备、网络带宽、技术保障等基础设施不足问题,将大大提升此类学校的技术应用能力和数字化转型基础。对于教育信息化和数字化转型走在前列的"头部学校",优质资源共享将极大地激活学校的办学活力,注入新的改革动力,促进教育理念更新以及教育模式变革,形成新的教改实践经验的示范引领,引领建立教育数字化转型的教育新生态。

国家中小学智慧教育平台的持续应用所积淀的数据要素资源,将成为未来教育发展的战略资源。数字化转型,数据是核心。未来,亿万级的平台大数据所形成的数据要素资源,将推动传统课堂教学向数字化智能化融合教学模式转变,推动精细化教育管理向精准化教育治理转变,为基础教育高质量发展提供现实路径。通过大数据和人工智能等技术,为平台用户带来个性化和标准化兼具的优质服务,进而实现大数据驱动的大规模因材施教。

国家中小学智慧教育平台的广泛应用,将成为学生自修、教师研修、家长进修的"国家网校"。未来,随着资源极大丰富、用户数量过亿、应用广泛深入,平台将成为教育数字化转型发展中的集大成者,将成为教育数字化转型、引领教育现代化和教育强国建设的重要基础。

长远谋划国家中小学智慧教育平台的建设与应用

平台定位要逐步从资源服务向学习服务转变。数据要素资源要想用活、用出成效,就必须坚持用户视角、关注用户体验、注重学习情境、关心学习效果,为用户提供优质、高效、个性化的学习服务是平台做大做强、做出成效的战略

基础。

平台建设坚持需求牵引。这不仅要根据师生家长的现有需求开发汇聚教学资源，而且要根据育人要求、政策导向和用户分析来培养和创造需求，确保资源建设与用户学习形成闭环，不断迭代更新，产生指数级递增的效果。

平台运行要采用开放的机制。除了国家按照教材集中研发教学资源外，要建立标准、开放权限，允许地方和用户对接平台，提供资源和学习服务，建立"资源生产—消费—再生产"的循环机制和激励生态，让用户成为平台资源建设和学习服务的主体。

平台要加强智能技术的应用。用了智能技术并非就是"智慧平台"，但若没有智能技术的支持，就谈不上"智慧平台"。因此，要关注人技和谐合力，在运用智能技术解放人的同时，最大限度激发释放人的智慧，让平台成为孕育智慧的沃土。

3.4　中国数字教育发展的里程碑 [①]

在举国上下全面落实党的二十大战略部署的开局之年，中国教育科学研究院权威发布了《中国智慧教育蓝皮书（2022）》（以下简称"蓝皮书"）。蓝皮书对智慧教育内涵的阐释成为媒体报道、教育界关注的热点和亮点。它提出智慧教育与工业时代教育形态有着质的差别，是数字时代的教育新形态，并从五个方面揭示了智慧教育"新"之所在。这一理论创新是实践的结晶，也是理论探索、创新和争鸣的集大成之作，具有重要的里程碑意义。

以信息技术赋能教育为主要特征的智慧教育在我国肇始于 2012 年，目前已经走过了区域实验、学校探索、企业跟进、专业支持、政府关注的初始阶段。2018 年，以《教育信息化 2.0 行动计划》发布和实施为重要里程碑，智慧教育进入了政府引导、区域试点、学校应用、企业参与、专业指导的试点阶段。2022 年，以智慧教育公共服务命名的国家平台上线，是教育数字化战略行动的阶段性成果。这一次又选择在全球数字教育大会上发布中国智慧教育的理论与实践成果，不但显示了政府对智慧教育的高度重视，而且标志着智慧教育已经成为国家推进教育数字化转型的重要战略选择，开启了应用推广的新征程。

从"智慧地球"的提出到智慧城市、智慧教育的中国实践，彰显出时代创新的崭新路径。这是一条从创新思维到场景创新、行业创新、整体创新的路径。智慧教育是带着解决传统方式难以解决的教育改革复杂问题的使命出世的，也必将在理论和实践的探索、迭代和完善中，不断地为建设中国高质量教育体系，进而为摆脱世界性教育危机提供中国方案。

理论的成熟是事业发展的基础。蓝皮书在诸多关于智慧教育内涵的理论研究基础上，归纳提炼了智慧教育的环境、教学、治理、人才四个维度 16 个具体

[①] 本文原载于《教育传播与技术》2023 年第 1 期。

特征，为智慧教育的推广提供了现实的路径，把人技融合与追求科技、人文和谐发展的智慧教育目标化为可感知可操作的现实路径，这对于迈入智慧教育推广阶段具有重要的理论和实践指导价值。

数字教育是教育信息化的发展，智慧教育是数字教育的目标。教育数字化转型是工业时代教育形态迈向数字时代教育新形态（即智慧教育）的过程，它不是某一方面或某些方面的修补与升级，而是一个整体性和系统性战略，是教育形态的革命性重塑。技术赋能和数据驱动是智慧教育的核心动力，需要持续的投入，也需要持续的人文性和伦理的考量，不可能一蹴而就。

锚定智慧教育作为数字教育的发展目标，既是新的里程碑，也是新的起点。2022年，教育部开始建设国家智慧教育公共服务平台，全面覆盖了中国各地各校及全体师生，有效提升了广大师生的数字素养与技能，极大地调动了学校的积极性，有利于发挥学校作为实践载体的作用，使学校主动而适切地开展基于物理空间、数字空间和社会空间的多样化学习活动，让教师和学生在利用技术的学习和发展中获得健康成长与发展。

我国不同地区、各级各类教育发展情况虽不同，但充分利用国家提供的公共服务产品，加速教育的数字化转型，推进教育数字化，迈向智慧教育则是共同的机遇和使命。唯有登上这条船，才能在风浪中乘风破浪，不断前进。

3.5 为了更公平而有质量的教育 ①

教育是奠基未来的事业，随着信息技术的迅猛发展和日益普及，万物互联、大数据、人工智能、新材料、生物医药等发展建构着新的社会生态。社会在发展，时代在变化，理念在更新，方法在迭代，亘古不变的是教育的规律。新时代对人才新的标准正推动教育的深刻变革，构建一个灵活、多样、开放、终身的现代教育体系，"努力让每个孩子都能享有公平而有质量的教育"不仅是广大教育工作者孜孜以求的目标，更是整个社会的共同愿景。

习近平总书记在党的十九大报告中指出，要推进教育公平，努力让每个孩子都能享有公平而有质量的教育。最近，基础教育领域接连出台的《关于新时代推进普通高中育人方式改革的指导意见》《关于深化教育教学改革全面提高义务教育质量的意见》以及《关于学前教育深化改革规范发展的若干意见》等一系列重要文件，都在更高制度层面上既关注教育资源的优质均衡，更致力于育人理念和模式的变革，积极推动以人为本、大规模因材施教的实施和落地，教育公平也得到了越来越好的实现

在新时代，我们需要更进一步理解"教育公平"的内涵。教育公平是社会公平的重要基础。传统意义上的教育公平必然应具有新的内容，形成目标更高、要求更高、标准更高的教育公平观——更加公平而有质量的教育是为每一个学生提供最适合的教育，也就是让每个孩子在最有天赋、最感兴趣的领域，以最适合的学习方式、最正确的方法，实现个人的也是对社会的最大价值！新的教育公平是使孩子拥有独创性与个性化的学习经历，允许孩子有个性化的学习方式，并促成他们的终身学习和可持续发展。提升教育的适应性与多样性，这也是实现"高质量的教育公平"的路径创新。

---

① 本文为《成长解码——特级教师开课啦》书序。

　　上海的教育体系，得益于国际化、外向型的城市发展，一直处在中国教育改革的前沿。在OECD组织的国际学生评估项目（PISA）中，上海学生的表现名列前茅，实现了优质高效均衡。上海学校体系的另一个关键特征是高质量的教师培养，连续两次的教师教学国际调查（TALIS）中，以初中教师为代表的上海教师群体在各项指标中都表现优异。这些都让我们更有耐心去思考和探索，从优秀教师的脱颖而出，到高层次教师的培养的专业机制的基础上，如何让已经形成了各自独特的教学风格的、高层次、复合型的教师代表——上海市特级教师，将其先进的教育理念、扎实的专业知识、深厚的教育情怀向更大范围辐射？由上海市教育委员会、解放日报、上海图书馆主办，上海市特级教师特级校长联谊会、上海教育新闻中心承办的"特级教师开课啦"系列讲座，是让特级教师们从学校里"走"出来，将他们的理念向大众有效传播的一次尝试，也正是我们从"教育公平"新内涵出发，做出的一次崭新尝试。

　　汇聚优质教育资源，传播先进教育理念，是举办"特级教师开课啦"系列讲座的初衷。特级教师走出学校大门，走进公共图书馆，首先实现的是优质教育资源的共享。特级教师不仅对本专业有着深刻而独特的理解，而且教育教学技能趋于炉火纯青。广大学生、家长和青年教师在系列讲座中，可以领略他们的学养和胸襟，这是不可多得的宝贵机会。

　　特级教师营造的"公共课堂"，有效实现了先进教育理念的共享。面对"教育焦虑"心态，"抢学""抢教"的现象，特级教师们为我们带来了一股强劲的清风，可以吹散焦虑的雾霾。无论是"护长容短"，还是"人生教育与君子养成"，强调的都是教育的育人本质，都是对"人"本身价值的尊重与回归。

　　特级教师群体先进的教育理念，帮助家长"了解孩子的认知规律"，"从陪读走向陪伴"，注重学生的心灵成长与德性的发展，"帮助孩子成为最好的自己"，"鼓励孩子勇敢地做自信的自己"，这是对孩子个性化和多样性的极大肯定，也是对教育功利化的深刻反思。

　　这样的声音，对于推进全社会关注学生的身心健康成长，关注学生的理想信念的培养，关注良好习惯的养成，聚焦孩子面向未来的必备品格和关键能力的培养，指向孩子全面而有个性的发展，将有着积极的影响。无论校内校外，还是体制内外，多元主体、多样需求能在求同存异中把握规律、实现健康发展，这是我们肩负的重要使命。

建设"更公平而有质量的教育"，我们将不断努力。

3.6　以教育转段升级助力人口高质量发展 ①

人口发展是关系中华民族伟大复兴的大事，必须着力提高人口整体素质，以人口高质量发展支撑中国式现代化。人才培养是教育的重要任务，教育是提升人力资源水平最直接、最有效的途径。随着我国人口规模和结构发生转折，教育需要作出及时相应调整，把人口高质量发展作为教育强国建设的重要目标之一。

党的十八大以来，教育提升人力资源水平取得的成就和经验

2022 年，我国学前教育毛入园率达 89.7%，九年义务教育巩固率达 95.5%，高中阶段教育毛入学率达 91.6%，高等教育毛入学率达 59.6%，各级教育普及程度达到或超过中高收入国家平均水平。更重要的是，我国接受高等教育的人口已超过 2.4 亿，劳动年龄人口平均受教育年限达 10.93 年，新增劳动力平均受教育年限达 14 年。党的十八大以来，我国职业学校和高等学校培养了大批技术技能人才、高素质专业人才，劳动力素质结构发生了重大变化，为国家经济社会发展提供了强大支撑。

取得上述成就，一是党加强了对教育工作的全面领导，确保了社会主义教育方向，确保了为党育人、为国育才；二是国家坚持了教育优先发展战略，财政性教育经费占国内生产总值比例连续 10 年不低于 4%；三是教育系统全面贯彻落实习近平总书记关于教育的重要论述，坚持立德树人，建设高质量体系，促进教育公平，提高教育质量。这些经验弥足珍贵，为进一步加快教育强国建设，以人口高质量发展支撑中国式现代化提供了重要借鉴。

---

① 本文根据刊发于《人民日报》(2023 年 5 月 24 日第 13 版) 的作者访谈改写。

教育强国建设是人口高质量发展的战略工程

当前，我国人口发展出现了少子化、老龄化、区域人口增减分化的趋势性特征，必然要求人口发展转向高质量，由"人口红利"转向"人才红利"，以人口质量提升对冲人口数量红利下沉。人口高质量发展是现代化建设最基本的支撑，要实现社会主义现代化，必须全面提升人口素质。建设教育强国的目的是整体提升我国人口素质，把人口大国变成人力资源大国，进而变成人力资源强国。把教育强国建设作为人口高质量发展的战略工程，是教育本质的回归。

推动"人口红利"转向"人才红利"，需要教育转型升级

教育理念从学校教育转向终身教育。一方面，我国正在加快进入老龄化社会，群众对老年教育服务的期盼更强烈了，这要求建成终身教育体系，实现生命全周期的学有所教。另一方面，我国城乡人力资本存量存在素质提升、职业重配等需求，需要依靠终身教育来促进存量人力资本高级化。在终身教育理念下，我国职业教育空间巨大，能量需要进一步释放。

教育价值从知识导向转向能力导向。知识和能力虽然分不开，但各有侧重。目前我国教育总体上是知识导向，应该更加注重学生能力和素养培养，特别是关键能力培养。推动教育公平从形式公平走向实质公平，为每个公民提供适合的教育，涵养拔尖创新人才培养的教育生态。

教育政策从规模扩张转向内涵发展。应继续延长新增劳动力人均受教育年限，赋予人力资本以更多的知识和技能。除高等教育面临普及和提高双重任务外，其他教育都应该全面转向内涵发展，在公平、质量上做文章，在师资、课程上下功夫。

补齐乡村教育短板，实现人口高质量发展目标

乡村教育是我国教育体系的神经末梢。乡村学校量大、面广、点散。任何

时候都要办好乡村教育。没有乡村教育现代化，就没有国家教育现代化。

教育的目的是实现人的充分发展，乡村教育有一个非常重要的功能就是阻断贫困代际传递，实现人的社会纵向流动。随着我国义务教育实现县域基本均衡发展，乡村教育的短板已不是条件短板，而是功能短板。

办好乡村教育，应充分考虑乡村人口流动现实，平衡好"在地"逻辑和"流动"逻辑。2022 年末，我国常住人口城镇化率已经达到 65.22%。党的二十大报告提出"推进以县城为重要载体的城镇化建设"，这清楚地表明，县城是城镇化和乡村振兴两大战略的支点。

为此，补齐乡村教育短板，应因地制宜，采取县城集中办学，或者乡镇园区办学等不同模式。提高寄宿制学校质量，既要"寄"得安全，又要"育"得有效。关注小规模学校质量，落实好县域教师队伍建设组合政策。放大乡村学校功能，使教育中心同时成为乡村振兴的文化中心。

以教育数字化推动实现人口高质量发展目标

人类社会不可逆地进入数字化时代，教育数字化转型是时代发展的要求，应充分发挥教育数字化推动实现人口高质量发展的作用。教育数字化，一要做"资源"的文章，扩大优质教育资源覆盖范围，托升底部，缩小城乡教育差距；二要做"素养"的文章，着力提升学生和教师的数字素养，提高教师运用数字技术改进教育教学的意识和能力，培养造就适应数字化发展需求的新人；三要做"变革"的文章，变革学生学的方式，变革教师教的方式，从工业时代的学校模式转型为数字时代的终身模式，形成新的教育形态，实现个人发展和社会发展的全面高度统一，国计与民生的全面高度统一。

3.7 教育信息化的实践路径 ①

为更好地落实上海市教育信息化 2.0 行动，上海市教育委员会派出教育信息化国际视野与创新发展专题研修团远赴美国，在芝加哥和旧金山地区浸润式学习整整两个月，深度研修美国教育信息化的进展和经验，观察美国基础教育课堂中的常态应用。

2019 年 9 月至 11 月，上海市教育信息化国际视野与创新发展专题研修团的 17 名同志奔赴美国，开展为期两个月的研习。因为是上海市教委第二次派出这个主题的研修团，我习惯称他们为"二团"。二团引起我的关注有两个原因。

一是二团在美期间紧张的工作安排和投入的学习精神，以及每天微信工作群的内容分享给我留下了深刻的印象。二团到访了以芝加哥、旧金山地区为代表的 5 个学区和州教育部，听取了 43 个教育部门领导、学者的报告，访问了 45 个学校及社会组织，在高强度的参访实践下，对其教育理念的变革和教育信息化的建设应用，做了非常翔实的观察和深刻的思考，形成了 4 个研究课题、40 篇调研日志和 35 篇个人论文。特别是他们每天发在微信群里的预习资料和研习报告等，让我这个习惯了"潜水"的影子团员忍不住一次次点赞。

引起我关注的第二个原因是他们的一次遇险。研习之旅条件朴素，住的地方也比较艰苦，刚去没多久就遇上了电梯故障，团员集体被困在电梯，在狭小密闭的空间里挤在一起煎熬了 75 分钟的时间，最后不得不通过拨打 911 报警电话解救。整个过程，我通过微信和他们在一起。从最初的幽默欢笑地自拍，到担心、焦虑和相互安慰，再到积极联络解决，互相帮助节省体力，他们经历了煎熬，也经受了考验。没有惊慌、没有抱怨、没有放弃，这些都让已是万分担忧

---

① 本文为《从改善到改变——美国教育信息化案例分析与思考》书序，刊发于《上海教育》2020 年第 2 期。

的我印象深刻。

但是二团给我留下的最深刻和难以忘怀的印象，却不是这些。而是他们基于艰苦研习和深入思考得出的结论，以及据此给全市教育系统所作的报告。

这样一个非常充实、充满活力的团队为上海教育信息化带来了区域教育信息化治理、推进学校信息化、个性化教学实践和教师专业发展实践的前沿经验。

当前，教育信息化 2.0 行动计划全面启动，上海市教育信息化应用标杆学校也开始创建。如何从以技术设备为中心转向以育人为中心开展信息化建设？如何从碎片化建设转向系统化建设？如何从脉冲式应用转向常态化应用？如何解决信息孤岛问题？如何解决重复建设问题？如何解决运维运营升级等后续可持续应用问题？区域和学校教育信息化之路应该怎么走？推进的策略有哪些？二团带回来的研修结论帮助我们明确了下一步信息化发展的新路径。

首先是积极推动以购买服务模式取代订制开发模式。如果把信息化功能比作一个杯子，目前上海各学校采用的模式是自己设计订制生产一个杯子，往往成本畸高而不可用。而如果购买标准化的产品服务，就好像到商场买了一个现成的杯子。中小学具有相对标准化、简单、同质化的业务，开发形成标准的基础应用平台及服务，不仅现实，而且具有优势。

新时代教育信息化的建设新路径应该是："政府制标准、定目录，企业做产品、保运维，学校买服务、重使用"。市级层面建立统一的数据规范、系统接口、功能需求，搭建基于教育专网和教育云的基础性、标准化的信息化基础架构。针对各学校的刚性需求，提供通用的教育信息化应用。学校及各类信息化企业开发的应用可以以插件方式加入基础平台提供共享服务，以标准基础应用和大量插件订制应用的排列组合，来满足学校的个性化需求。鼓励学校采购市场上专业的、成熟的、安全的信息化服务，加强教师信息化应用培训，切实解决基层信息化人力不足的问题，提高学校信息基础设施保障能力和师生信息化应用水平，保障教育信息化的整体推进。

二是坚决落实信息应用部署"全面上云"，坚持教育专网和教育云的云网融合，提供教育云平台统一服务，形成统一规范管理的教育云服务，创新教育行业云建设和运行机制，鼓励各类教育单位购买服务，通过建设或采购教育云应用,降低信息化基础设施和环境建设的投入,减少低水平的重复开发和学校端的高强度系统维保,实现硬件设施、教育数据和资源的共享,并减少师生终端配置的成本。云部署也是增强网络和数据安全、规范网络运营的重要手段。通过信息系统上的云部署,降低教育信息化投入,减少低水平重复开发,实现数据、教育资源共享,解决集中突发需求。

三是发现和培育有实力、有情怀、有经验、有足够坚守力的企业,能够长期地、稳定地为教育提供各种业务解决方案和教育技术服务,形成良好的教育信息化服务产品生态。我们要清醒认识到,教育信息化是一个长期的过程,无论建设和应用,都需要有足够的恒心和耐心,去培育产品、培育用户,去迭代发展技术。要与一些有社会责任感、技术力量强、对教育业务熟悉的企业开展长期合作。目前,学校信息化系统普遍存在"多、杂、散、偏"的问题,即平台数量多、应用繁杂、系统孤立、偏离教育核心。

在上海教育信息化 2.0 行动计划实施的关键时刻,我们要坚持正确的建设方向,稳步推进,加快步伐,用更广阔的视野思考问题,用更创新的思维解决问题,在汲取研修团的学习成果时,我们要将其内化于心、外化于行,使上海教育信息化建设和应用推向纵深,实现技术与教育无间的融合。

3.8　美国的英才教育与因材施教 ①

在各方公认美国的经济实力世界第一的同时，对于美国教育的评论却褒贬不一。有人肯定美国教育，认为有利于激发个人的潜能和创造力，是美国保持生产力上的国际领导地位的基础；有人否定美国教育，认为美国研究生以下的教育基本上失败，而研究生教育依靠吸引大量外国优秀学生维持，基础脆弱。

从克林顿政府和小布什政府相继出台的改革教育的政策和法令看，他们都倾向于后一种观点。康奈尔大学约翰·比索教授通过深入研究亦得出美国教育失败的结论，并预言：到 2010 年，美国每年因教育失败造成的经济损失将超过2000 亿美元。

美国人自己对教育的悲观看法可能具有警示的意味。实际上，美国教育既有十分成功的地方，支撑着美国经济在国际上 50 年长盛不衰；也有失败的地方，成为美国目前发展的巨大隐患。这可从分析美国的英才教育看出来。

美国一向喜欢标榜自己是最尊重个体的国家，体现在教育上，就是因材施教。所以，虽然美国各州教育法规、体制、模式等有诸多不同，但却有一个共同特点：因材施教，突出英才。

美国的英才教育从大的划分上看，主要是把 5% 的天才生（Giftedstudents）与 95% 的其他学生相区分。天才生从小学到大学都有。下面分别举例介绍美国小学、中学、大学对天才生的特殊教育方法。

在弗吉尼亚州 Fairfax 郡，一般从小学三年级开始对筛选出来的天才生实施特殊教育。天才生的筛选比率是 3%～5%。天才生每周集中半天，分成小组开展一些项目，小组间展开竞赛。项目内容和在学校的课程学习没有任何关系，有时是开办和管理一家虚拟公司，有时是设计制作一个模型，多数是从现

---

① 本文原载于《基础教育参考》2004 年第 4 期。

实生活中直接取材。天才生教育负责人说，分成小组主要是为了培养这些天才生的协作精神。未来社会无论在政治、经济或科学领域，协作精神都是成功的第一要素。虽然集中的时间是半天，但为了使小组在竞争中胜出，学生们往往需要在课余付出更多的时间。由于活动内容与平时在校学习的课程没有任何关联，一定程度上保证了参加活动的是那些真正学有余力的天才生。

在这个郡的中学，学校对数学等单科比较突出的少数学生提供特殊辅导教育。有时在测定他们的单科水平后，让他们直接进入适合他们的该单科高年级学习。有一位数学成绩优异的学生，每当上数学课的时候，学校都会派校车送她到附近的一所大学，由学校为她聘请的一位教授专门辅导。此外，这个郡有一所全美闻名的科技高中，可以提供十分优越的实验条件和学习环境。学生可修习附近大学的课程，进行一些相当于博士或硕士研究生水平的研究。这所高中全部学生都是通过考试，择最优录取的。

著名的康奈尔大学每年都从新生中通过考试选拔 40 名左右最优秀的学生，为其提供更自主、更优越的学习条件。这些优秀生在第一年不需要选择专业，完全自主地在全校所有开设的课程中选择攻读的课程，学校为其配备多个导师，学校的要求只是修够一定的学分。当一年结束的时候，这些学生可以在学校现有的专业中任意选择自己喜欢的专业。如果现有专业中没有中意的，可以自己设计一个新的专业。学校专门设立一个临时委员会，听取其陈述，研究其专业课程设置的合理性和可行性，如果通过，该专业就设立成功。当访问一位这样的优秀生，问及感受时，该生表示：每天早上醒来，都十分兴奋，因为每天要上的课都是自己十分喜欢和感兴趣的。学校还为这些优秀生提供奖学金，鼓励他们到国外游学。

从美国教育部的统计资料看，各州都有天才生培养方案。截至 1995 年，已有 2/3 的州政府出资主办天才生的教育。其他州也都有民间自发的天才生培养计划。在美国，为数不多的全国性教育法规中有《天才教育法》。有人认为，美国的成功主要依靠的就是这不足 5% 的英才在法律、政治、科技、经济等领域优异的表现。这也正是美国英才教育的成功之处。但是，在对这 5% 之外的学生的教育上，美国教育无疑是失败的。约翰·比索教授的研究认为：美国学生看电视的时间比许多先进国家多一倍以上，而美国父母对子女的满意程度又偏偏较其他国家高。因为美国大学录取新生，除了一般性科目可以依据 SAT 外，很多都依据学生的校内成绩。于是，校长们便给老师施加压力，要降低不及格率，提高"甲等"的比例。美国校内人人成绩"优异"，但在国际性比较中，却有很多人不及格。

总之，美国的英才教育在针对 5% 的天才生方面取得了有目共睹的成功，但在其他学生的教育方面，美国政府和教育界基本上都持否定态度。小布什政府上台后，十分重视这个问题，签署的第一部法律是《不让一个孩子掉队法》。

3.9　建构面向未来的信息化学校 ①

当今世界，信息革命席卷全球，信息技术日新月异、一日千里的发展，对世界文明产生了最为深远的影响，对人类生产生活方式产生了最为深刻的改变，如何推进面向未来的学校教育信息化创新发展，成为上海市率先实现教育现代化与引领全国基础教育发展需要思考的重要课题。2018 年 10 月，上海市教育委员会印发了《上海市教育信息化 2.0 行动计划（2018—2022）》，标志着上海教育信息化变革跨入从"量变"到"质变"的关键阶段，实现从技术驱动向育人为本转变，从碎片化建设向系统推进转变，从脉冲式应用向常态化应用转变。

为推进上海教育信息化走向 2.0，促进上海教育信息化服务于上海市基础教育的率先发展与创新发展，把握教育信息化的国际视野，促进上海教育信息化迎接未来信息时代的挑战，寻求上海教育率先实现现代化，大力推进具有中国特色与世界先进水平的现代教育发展路径，上海市教育委员会从 2018 年起决定每年选派上海市教育系统致力于推进未来学校教育信息化建设的骨干，组成专题研修班赴国外进行考察学习，从中汲取有价值的学校教育信息化元素整合到上海教育信息化创新发展中，从而推动上海教育信息化的国际视野与创新发展。

2018 年 9 月，从上海市各区域教育单位与上海市教育委员会直属单位选派的 17 人组成的首个"上海市教育信息化国际视野与创新发展"专题研修班成行。我在 2018 年 9 月 9 日举行的行前培训会上，进一步明确了此次考察的责任与使命是了解国际上基础教育信息化技术和教学平台系统的运用、数据共享和智慧课堂技术平台的建设，明确上海实现教育现代化进程中教育信息化环境的优化方向；分析未来教育的创新方法和信息化运用的基本经验，关注国际上未来学校建设在学习空间、学习方式、课程体系、教育技术和组织管理方面的

---

① 本文为《窗外的未来学校运动——17 位上海教师的美国教育信息化探寻之路》书序。

协同创新，思考上海市学校进一步着眼于未来人才规划与教育发展战略，开展多种途径的未来学校探索与实践。

2018 年 9 月 22 日至 11 月 20 日，由上海市电化教育馆馆长张治同志领衔的首个"上海市教育信息化国际视野与创新发展"专题研修班 17 人在美国第三大城市芝加哥与高科技之都旧金山（硅谷地区）进行了为期两月的考察，取得了预期的考察成果，不仅举行了市级层面的考察成果报告会，而且通过两年的努力，形成了一本高质量的教育信息化国际视野与创新发展的研究书稿。

此书稿探讨了未来学校教育信息化创新发展的七个方面的话题。第一方面是对美国未来学校与教育改造运动的探寻。让我们感受到鲜活的未来学校的脉动，明晰上海发展具有世界先进水平与中国特色的学校教育信息化方向。第二方面是技术驱动的学习变革。通过分析未来混合式学习、在线学习、移动学习、基于大数据的学习、技术支持下的人性化学习、人工智能、虚拟现实等，构成一幅波澜壮阔的数字化教育图景。第三方面是思考教育信息化给学校课堂带来的深度精彩。在现代技术支撑下，教师注重学生个性发展、注重学习者个体兴趣、注重学生未来发展。第四方面是关注社区资源开发，形成良好的教育生态环境。在孩子们成长的社区里，图书馆、博物馆、艺术馆、体育馆、公园、郊野河道，乃至高校、企业、科研机构，都应向孩子们提供教育支持。第五方面是学校学习空间的重塑。"互联网 +"时代大数据、虚拟现实等新技术快速进入学校，面向未来学习的思想、内容、方法等都发生了变化，在技术的支持下，应重构学习空间。第六方面是推进学校教育的现代治理。借助现代信息技术，学校应注重教育治理文化氛围的营造、形成教育治理协同意识、推动教育评价方式的变革等。第七方面是对未来学校运动的几个案例剖析．为上海市推进未来学校发展提供创新思考。

对于首个"上海市教育信息化国际视野与创新发展"专题研修班的海外学习，我一直关注他们的学习全过程，从他们的学习展示交流与学习成果的辐射视角，我认为上海市教育信息化的国际视野与创新发展，要成为上海乃至全国未来学校教育信息化推动的重要力量，要关注以下几个方面的突破。

1. 进一步强化教育信息化 2.0 行动计划的落实，认识并定义未来学校的发展趋势，明确推进工作的着力点。上海教育正在进行教育信息化 2.0 行动计划的落实，正在按照国家的要求推进教育信息化标杆校的建设。今后在上海教育信息化标杆校的建设中，要对未来学校的发展趋势有所关注和认识，并寻求教育信息化的技术支撑。

2. 推进面向未来的研究型、创新型学校建构与提高对创新项目的大力支持。上海教育面向未来的发展，需要培育一批具有探究精神且基于学生个性化学习的研究型、创新型学校与创新项目。思考学生的个性化学习与信息化平台建设的结合，发展技术支持人的个性化学习，尤其是要重视对学生的学习行为数据的挖掘，从而更好地服务学校与学生的个性化发展。

3. 形成学校教育信息化与大学、企业、科研院校之间有效的互动机制。要努力通过多样的驱动方式促进学校教育信息化发展与大学、企业、科研机构形成互动推进关系，尤其注重对学生设计思维与计算思维的培育，要像重视数学和语言一样重视计算思维，明确通过多元互动推进计算思维培育的基础性地位。

4. 加快培育与未来学校建设、教育信息化运用相匹配的师资队伍。决定教育质量的是教育而不是技术，技术是辅助教师工作的，技术可以让平庸的教师无所适从，技术也可以让出色的教师如虎添翼。改变教育、适应未来，必须从改变教师开始。未来的教师要重视数据科学，学会对数据的理解和分析。这应成为未来教师和管理者的基本功。教师的信息素养应与教学理念同步提升，技术的提升应该在应用中解决，建构和创造是素养提升的核心手段。

5. 思考课堂教学信息化的配套技术与资源，探索教与学的变革。推进教学方式的转变，需重视基于项目的学习或基于问题的学习。注重问题导向，注重团队合作，注重实践参与，以项目学习提升学生问题解决的综合能力，把社会责任、交流合作能力和批判性思维、创造力相融合。不再拘泥于传统的教学模式，加快探索新型课堂，这是未来学校成功的标志。

6. 努力营造让教育走向现代化的教育信息生态环境建设与特色文化。这种环境建设需要推进开放式学习，重新设计学习空间。变革学习方式要首先从变革空间开始。要加快图书馆、实验室和校外学习空间的转型，特别是创客空间的集约化建设。确保每个社区有一个公共创客空间，确保每一所学校的图书馆都能变成创新中心。面对智能时代的挑战，人最不能被 AI 替代的是创造力和同理心，需要回归人性来开展学习设计，培养未来的领导者。一定要重视设计思维和同理心培育，这是我国推进教育信息化、营造特色文化的重要课题。

我们希望上海教育信息化的国际视野与创新发展，成为上海市推进教育信息化的学校自觉行动，促进中小学互联网、云计算、大数据等信息化技术和网络化教学手段的运用、数据共享和智慧课堂技术平台的建设；结合中国国情与上海特点明晰上海市未来学校发展的基本方向与需要解决的问题，提升上海市在全国范围内发展未来学校和打造智慧教育的软实力和综合竞争力。

3.10 从大数据看当前高校学科排名 [①]

2020 年 U.S. News 的数学学科排名中，曲阜师范大学名列国内第一，领先于北京大学，引起关注。曲阜师范大学数学学科水平自然不容小觑，领先北京大学被质疑也属正常。值得关注的是学科评估的科学性和客观性，及对世界一流学科建设的导向。通过分析 U.S. News 学科评估指标体系和公开的两校科研产出大数据 [②]，可以一窥其中究竟。

U.S. News 评估指标体系

在世界知名的四大学术排名指标体系中，QS 世界大学排名考察的办学指标主要是 6 项 [1]，其各自占比为：学术声誉 40%、雇主声誉 10%、师生比例 20%、师均论文引用数 20%、国际教师比例 5% 及国际学生比例 5%。ARWU 世界大学排名考察的办学指标也主要是 6 项 [2]，其各自占比为：获诺贝尔奖和菲尔兹奖的校友折合数（10%）、获诺贝尔奖和菲尔兹奖的教师折合数（20%）、高被引学者数（20%）、N&S（即《Nature》和《Science》）论文数（20%）、国际论文（即 SCI&SSCI 收录论文数）20% 及上述 5 项指标得分的师均值（10%）。THE 世界大学排名考察的办学指标主要是 5 项 [3]，其各自占比为：教学 30%、研究 30%、引用 30%、行业投资的研究收入 2.5% 和国际展望 7.5%。U.S. News 的指标体系分成了三类 13 项（详见表 1），[4] 其实质为两类，即声誉与学术出版物（其第三类"科学成就计量指标"也是基于论文的数量与引用率）。

---

① 本文原载于《中国高等教育》2020（24），原题为《U.S. News 数学学科排名中曲阜师范大学因何排在北京大学之前》，作者为：李永智、江明、谷俊。

② 本文数据来源于网络公开的数据，不确保完全统计。

表 1　U.S. News 世界大学排名指标体系构成

指标与占比	分类指标	分类指标占比
声誉计量指标 （25%）	全球学术研究声誉	12.5%
	地区学术研究声誉	12.5%
文献计量指标 （65%）	学术论文出版量	10%
	书籍出版量	2.5%
	会议论文出版量	2.5%
	总引用次数	7.5%
	平均引用次数	10%
	引用率前 10% 的出版物数量	12.5%
	引用率前 10% 的出版物数量占总出版物的比例	10%
	该校国际共同作者的论文比例与该校所在国家国际共同作者论文比例之比	5%
	该校国际共同作者论文比例	5%
科学成就计量 指标（10%）	在特定领域内引用次数达到前 1% 的论文数量	5%
	特定领域内引用次数达到前 1% 的论文数量占该校总出版物数量	5%

各指标体系相比，U.S. News 和 ARWU 聚焦科研，US News 基于出版物的客观计量指标占比 75%，ARWU 全部采用客观计量指标，主要考察高层次人才占比和高水平学术论文数。QS 和 THE 兼顾教学和科研，QS 主观评价（社会评价和同行评价）占比较重，达 50%，THE 指标较为全面和均衡。

综上，U.S. News 聚焦高校科研产出进行评价，主要基于学术出版物及被引用情况开展数量指标计量。出版物达到一定学术认定水平，一般为无差别计入，尚不能进一步区分科研产出的质量。

细看北京大学优在何处

曲阜师范大学"量"领先，北京大学"质"占优。两校 U.S. News 总评分别为 80.2 分和 78 分，由分项排名（见表 2）可见。

表2　U. S. News 数学学科两校分项排名[5]

	指标	曲阜师范大学（排名）	北京大学(排名)
1	全球学术研究声誉	#307	#23
2	地区学术研究声誉	#72	#3
3	学术论文出版量	#118	#11
4	书籍出版量	#1	#259
5	会议论文出版量	#3	#41
6	总引用次数	#4	#50
7	平均引用次数	#1	#249
8	引用率前 10% 的出版物数量	#125	#16
9	引用率前 10% 的出版物数量占总出版物的比例	#356	#303
10	该校国际共同作者的论文比例，与该校所在国家国际共同作者论文比例之比	#2	#114
11	该校国际共同作者论文比例	#1	#243
	总分	80.2	78

　　曲阜师范大学在会议论文和专著的出版数量、总被引用次数和平均被引用次数、国际共同作者论文相关两项指标等六个分项中，三项名列第一，另三项各名列第二、第三、第四。这些计量指标，都是数量指标、非竞争性指标，纳入计量样本的门槛相对不是很高。在竞争性的两项声誉指标中，北京大学明显领先；引用率前 10% 的出版物数量、引用率前 10% 的出版物数量占总出版物的比例、学术论文出版数量，这三项对出版物学术质量抬高门槛的指标，北京大学领先。

北京大学顶刊发文遥遥领先。按照学术界共识，影响因子①10 以上为世界顶级刊物。曲阜师范大学在影响因子 10 以上世界顶级刊物发表的论文总数仅为 26 篇，且在 15 以上顶刊没有文章；北京大学在影响因子 10 以上顶刊发表论文总数为 156 篇，其中 15 以上有 83 篇。两校数学学科在学术顶层的比较，北京大学占有绝对优势。

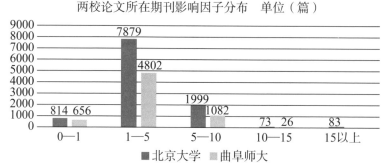

两校论文所在期刊影响因子分布　单位（篇）

图 1　两所高校学术出版物所发表期刊影响因子分布
（统计时间：截至 2020 年 11 月）

北京大学学术出版物主要是被国外、校外的一流学术机构引用。北大学术出版物被国外引用占比 63%，曲阜师范大学是 30%；北大学术出版物被校外引用是 84%，曲阜师范大学是 66%；北大学术出版物被非本学科引用占比 57%，曲阜师范大学是 42%。两校 TOP10 引用机构的平均被引量，曲阜师范大学为 456 次，北京大学为 583.7 次，差距不大，但是从引用机构在 QS 排行榜中的排名看，引用曲阜师范大学学术出版物的机构基本未上排行榜，引用北京大学学术出版物的机构基本排名在前 300，约一半排名在前 100。

表 3　曲阜师范大学学术出版物被引用情况

引用类型	篇数	平均占比
团队自引和互引	11399	34%

---

① 影响因子（英文：Impact Factor），简称 IF，是科睿唯安（Clarivate）旗下数据库 Web of Science 出品的期刊引证报告（Journal Citation Reports，JCR）中的一项数据。即某期刊前两年发表的论文在该报告年份（JCR year）中被引用总次数除以该期刊在这两年内发表的论文总数。这是一个国际上通行的期刊评价指标。

（续表）

引用类型	篇数	平均占比
校外引用	21647	66%
本学科引用	19167	58%
非本学科引用	13879	42%
国内引用	23132	70%
国外引用	9914	30%

（统计时间：截至 2020 年 11 月）

表 4　北京大学学术出版物被引用情况

引用类型	篇数	平均占比
团队自引和互引	11029	16%
校外引用	57000	84%
本学科引用	29252	43%
非本学科引用	38777	57%
国内引用	25171	37%
国外引用	42858	63%

（统计时间：截至 2020 年 11 月）

表 5　引用曲阜师范大学学术出版物前 10 位机构

序号	QS 排名 [①]	机构	引用论文数
1		广州大学	723
2		山东科技大学	674
3		上海师范大学	616

① 如果排名为空，说明该机构未进入 QS 排行榜。

（续表）

序号	QS 排名 [①]	机构	引用论文数
4		江南大学	461
5	No.217	科廷大学（澳大利亚）	395
6		阿卜杜勒阿齐兹国王大学（沙特阿拉伯）	380
7		南京信息工程大学	348
8		西南师范大学	346
9	No.493	东南大学	315
10		华南师范大学	302

（统计时间：截至 2020 年 11 月）

表6　引用北京大学学术出版物前 10 位机构

序号	QS 排名 [①]	机构	引用论文数
1		北京应用物理与计算数学研究所	937
2	No.15	清华大学	589
3	No.11	新加坡国立大学（新加坡）	498
4	No.279	北京师范大学	491
5	No.34	复旦大学	451
6		中国科学院大学	435
7	No.47	上海交通大学	402
8	No.263	中山大学	353
9	No.101	宾夕法尼亚州立大学（美国）	353
10	No.432	厦门大学	328

（统计时间：截至 2020 年 11 月）

---

① 如果排名为空，说明该机构未进入 QS 排行榜。

　　曲阜师范大学小团队互引比例畸高。根据大数据分析，曲阜师范大学数学学科内部小团队互引较普遍，且互引占比较高，平均互引达 34%，大数据分析一般团队内部互引比例为 10%—20%，北京大学是 16%，且北京大学内部互引基本以大团队互引为主（见图 2）。由图 2 可见，曲阜师范大学数学学科内部小团队之间罕见互引，小团队内的互引最高近 60%。使用 CA+ 指数① 消除无效引用后，北京大学相关人员排名基本稳定，曲阜师范大学相关人员排名相对于 H 指数排名大幅退后。

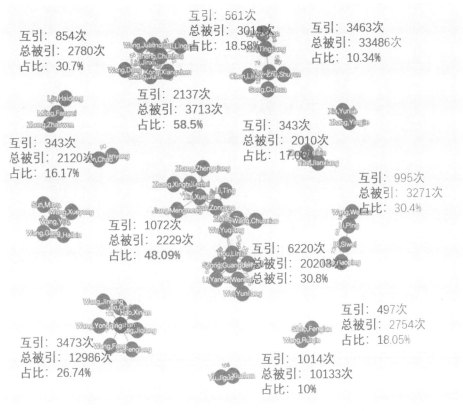

图 1　根据大数据绘制的曲阜师范大学团队互引示意图
（统计时间：截至 2020 年 11 月）

---

① CA+ 指数：基于论文引用人的学术水平赋权来反映学者的学术水平，在原来引用次数评价的基础上进行了拓展，根据引用者水平的不同赋予不同的权重，识别并剔除了无效引用，重点解决单纯的数量统计无法真实区分人才学术能力的问题。

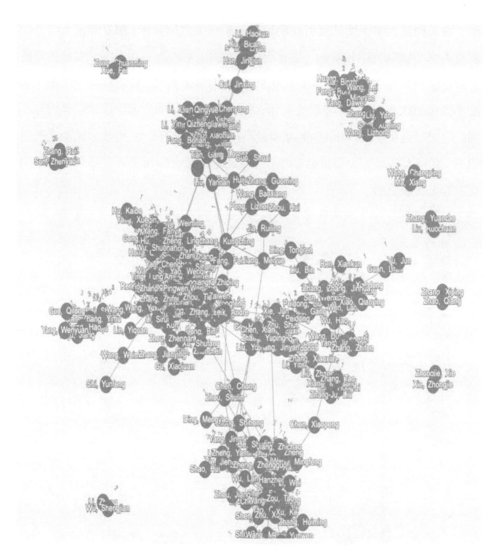

图 2　根据大数据绘制的北京大学团队互引示意图
（统计时间：截至 2020 年 11 月）

U. S. News 指标体系有待优化

　　基于大数据分析发现，曲阜师范大学的学术出版物及一般引用数量较多，但发表或引用的平台的影响因子远低于北京大学，差距主要在高被引上。以两校被引数最高论文为例①，见表 7，曲阜师范大学例文的引文没有一篇刊发在影响因子大于 10 的期刊上，而北京大学例文有 111（79+25+4+3）篇。由此可见，实际上 U. S. News 对于来自影响因子 30+ 和 10- 期刊的引用并不有效区分。这显然是欠科学和客观考虑的。

表 7　两校被引数最高论文的被引情况比较

学校	论文所在期刊影响因子							
	0	0—5	5—10	10—20	20—30	30—50	50 以上	总计
北京大学	51	237	401	79	25	4	3	800
曲阜师范大学	67	402	26	0	0	0	0	495

（统计时间：截至 2020 年 11 月）

前文暴露的曲阜师范大学小团队互引畸高的问题，暴露出 U. S. News 对引用的"质"和"量"没有有效区分。此外，引用曲阜师范大学论文的机构在 QS 排名中靠后或者没有排名，但没有区别对待，北京大学虽多被全球一流高校引用，却没有被有效区分。

概括地说，U. S. News 基于学术出版物及引用的粗线条的客观数据计量，可以大概勾勒却难以精准评估一项科研产出、一个人、一个学科、一个学校的学术水平和排名。

当前，争创世界一流大学和世界一流学科成为中国高等教育领域标志性的目标和任务。高校学术评估的科学性、客观性、引领性，尤显重要。笔者认为，新时代学科评估应充分依托信息技术，特别是大数据技术和人工智能技术，聚焦解决以下问题。

① 选取曲阜师范大学和北京大学各自数学最高被引的一篇文章，从其引用者、引用时间和引用机构等进行解剖对比。论文名：String method for the study of rare events（北京大学，Weinan, E.）；论文名：Ishikawa and MANN iterative process with errors for nonlinear strongly accretive mappings in Banach spaces（曲阜师范大学，Liu, L.-S.）。

一是如何消除主观评价的非理性干扰，提升客观评价的精准程度。声誉类主观性指标在学科总体性评价中被认可度较高，但难免因样本人群的非学术因素产生偏差，且存在一定滞后性。目前常用客观性指标难免因数据覆盖和模型表达的局限性产生类似本文案例的总体性偏差。基于大数据和人工智能技术，通过同行专家和特定领域代表人群参与，扩大客观评价的大数据有效覆盖，迭代优化计量模型，将主观评价与客观评价有机融合，可能为此问题提供解决思路。

二是如何充分考察人才培养的能力、水平和效果。高等教育的核心任务是人才培养，U. S. News 居然没有纳入考察，也是出现本文案例中偏差的重要原因。ARWU 计量了校友获奖等个别指标，THE 和 QS 计量了生师比等结构指标，都缺乏整体考察。基于大数据和人工智能技术，通过对校友一定阶段内就业、薪酬和成就进行整体性考察，总体性综合性评价高校人才培养质量，已经成为可能。

三是如何提升对科研产出的精准评价。不唯论文不是不关注论文，而是不简单计量论文的数量，要精细化考察论文的质量。通过考察论文刊发平台的影响因子、论文引用者的关系、论文引用者水平、引用期刊的影响因子、论文学术领域特征等，综合赋权论文的学术价值。同时考察作者相关的有价值专利、学术会议影响、合作者影响、学术领域影响等，大数据和人工智能技术对此提供了可能。

四是如何保证数据的客观性、准确性、时效性和全面性。目前国内体制内学科评估主要通过被评估者申报数据，很难有效实现以上四性。例如，某校数学学科申报参与评估的学者有 40 人，而通过信息技术获得该校数学学科的科研产出达到一定水平的学者有上千人，包括博士后、参与科研的访问学者等，也包括人事关系隶属本校其他学院的学者。显然，将这些人纳入可以更加全面、客观反映该校数学学科的学术能力和水平。

综上，大数据和人工智能技术可以给信息时代学科评估和学术评价提供新的范式，以一场新的革命，尝试解决之前无法解决的问题。

【参考文献】

[1] University Rankings[EB/OL].[2020−11−26].https：//www.topuniversities.com/university-rankings.

[2] 权威发布：2020 软科世界大学学术排名 [EB/OL].[2020−11−26]. https：//www.eol.cn/shanghai/shanghainews/202008/t202008151751664.shtml.

[3] THE World University Rankings：methodology[EB/OL].[2020−11−26].https：//www.timeshi1ghereducation.com/world-university-rankings/world-university-rankings-2021−methodology.

[4] How U.S. News Calculated the Best Global Universities Rankings[EB/OL].[2020−11−26].https：//www.usnews.com/education/best-global-universities/articles/methodology.

[5] World University Rankings 2021.[EB/OL].[2020−11−26].https：//www.timeshighereducation.com/world-university-rankings/2021/world-ranking#! /page/0/length/25/sort_by/rank/sort_order/asc/cols/stats.

3.11　高校舆论工作的数字化突破与创新 ①

议程设置理论是新闻传播学重要理论，主要研究媒体如何影响公众对社会与政治的关注，是对传媒与社会互动的具体方法和效果的研究。这一理论自 20世纪 20 年代萌芽以来，一直表现出极强的生命力和现实指导意义。当今媒介环境发生重大变化，传媒的作用日益凸显，基于议程设置理论，探索提高高校新闻舆论工作能力水平的有效方式更具现实意义。

一、新媒介环境下议程设置理论的发展与运用

议程设置由美国学者马克斯韦尔·麦库姆斯和唐纳德·肖提出，他们认为大众媒介具有议程设置的功能，在主要新闻部分，媒介对某一问题的强调程度与选民对某一问题的感知程度之间呈正相关。事实上，在其之前曾有一些研究者提出过与议程设置理论非常接近的媒介效果理论，其中最为著名的当属李普曼，他在 20 世纪 20 年代的《公众舆论》一书中提出"新闻媒体影响'我们头脑中的图像'"，并提出了拟态环境一说，认为人们在头脑中将真实的外在世界映射成一幅图画叫作拟态环境，拟态环境与真实世界并非完全一致。新闻媒体介于拟态坏境与真实世界之间，影响甚至决定着人们对外在世界的认知。40 年之后，科恩进一步发展了议程设置的理论基础，提出更为清晰的表述——人们对世界的看法各不相同，这取决于新闻媒体的作者、编辑、发行人等共同为人们建构的图像。对议程设置的第一次直接表述是诺顿·朗在 1958 年提出的：从某种意义上说，报纸是设置地方性议题的原动力。在决定人们将谈论些什么，

---

① 本文原载于《学校党建与思想教育》2017 年第 7 期，原题为《新媒介环境下高校舆论工作的突破与创新——以议程设置理论为视角》。

多数人想到的事实会是什么，以及多数人认为解决问题的方法将是什么等问题上，它起着很大的作用。

议程设置理论诞生于传统媒体时代，随着互联网技术的发展，新媒介环境下，该理论是否还适用一直以来成为学界关注的焦点。研究表明，在新媒介环境下，媒体对受众依旧具有议程设置功能，网络媒体与传统媒体之间、网络媒体自身之间存在媒介间的议程设置效果。但在新媒介环境下，议程设置效果的"时滞"大大缩短，从数周缩短到一周之内，表明新媒介环境下媒体对受众产生的影响更为迅捷；而且新媒介环境下，受众对于媒体议程的影响初现端倪，新媒体与受众之间的议程设置变得更为复杂，由传统媒体为受众设置议程变化为新媒介环境下的受众与媒体双向互动设置议程。随着自媒体的发展壮大以及受众公民意识的成长，受众对媒体议程的影响可能会变得越来越大。

二、新媒介环境下高校新闻舆论工作的现状

鉴于媒介生态环境的日趋复杂，数字化传播技术的广泛应用和高校信息化建设的发展，高校校园媒介环境发生了根本性改变，人们获取信息的渠道日趋多样化与"去中心化"。在此背景下开展高校新闻舆论工作，在一定程度上存在着传播失焦、失范、失控与失准的现象，这些现象的存在提示着传播者与把关人，新媒介环境下的时效性与交互性是议程设置理论呈现出的新特征与新要求，而议程设置的核心在于提示所有的传播者或把关人，与其试图去影响受众"如何想"，不如首先把精力放在影响受众"想什么"上，可以说，议题的选择与排序是传播产生效果的首要关键。高校新闻舆论工作需找准问题，对症突破，创新思路，化挑战为机遇。

1. 失焦——受众迁移与传播者"安土重迁"

媒介生态环境的变化，首先表现为信息传播接触点的变化。传统的校园信息传播方式是与传统媒体时代相适应的，社会化媒体以主流媒体的形态，主要是广播、电视、报纸三大传播接触点，通过校园组织化的传播可以实现最大范围的覆盖；同时，校园媒体的建设也与此相对应，形成校报、校广播台、校电视

台三足鼎立的"自给自足"的媒介生态链，信息的采集、编辑、传播均呈现中心化、层级化、可管控的特征，信息传播的接触点有限而可控。此种信息传播方式也造成了当前高校新闻舆论工作中的"安土重迁"的惯性思维。

随着互联网技术的发展成长，人们对新媒介技术应用非常敏感，追随度高。同时，各类基于 iOS 和 Android 开放平台的应用越来越丰富且方便，各种智能手机、平板电脑等硬件终端越来越便宜易得。此外，近年来校园的移动信息技术基础设施不断完善，4G 和 Wi-Fi 无线接入基本实现校园全覆盖。因此，无人不网、无处不网、无时不网，已成校园新常态。根据 2014 年《大学生通过移动终端上网的状况及发展趋势研究》报告，高校新闻舆论的主要客体早已迁移到新媒体，且日益呈现碎片化。但与此同时，绝大多数高校新闻工作的机构、编制、经费仍主要集中于传统校园媒体，传播者与把关人也还固守着传统媒体阵地，造成传播"失焦"，无效传播与资源浪费。

2. 失范——受众新特征与传播方式陈旧

新媒介环境带来的不仅是传播技术的革新，更是信息表达方式的革新。传统的高校新闻舆论工作方式是与传统媒体的"管控思维"相适应的。因此，信息的传播与表达方式总脱离不了"居高临下"的教育说服式，将学生置于被动的被说服教育境地，而没有认识到传播是一个"传"与"受"的双向互动环节。信息化社会的一大特征就是人人处于信息冗余状态，注意力成为一种稀缺资源。处于青春期的大学生对外界环境的变化极为敏感，新技术的运用驾轻就熟。因此，一方面他们对信息有极强的汲取需求，另一方面，他们的兴趣又转移得更为迅速。高校新闻舆论工作者如果没有认识到新　代受众的这些特征，还是以传统的新闻宣传范式、用说服教育的方式来开展工作，将很难捕捉受众的注意，最终只会造成新闻传播的失范。新媒介环境下议程设置理论提醒我们，首先要善于为大学生受众设置议题，其次要以恰当的方式来构建与传播议题，即要为新媒介环境下的"网络原住民"提供一种新的新闻范式，这种范式的核心要义在于符合这一代青年的接受心理机制。

在新媒介环境下，在人人都是自媒体的环境下，个性化的表达、碎片化的信息获取方式，都越来越背离传统的信息表达方式。根据《当前首都大学生的思想特点及分析》调查报告，2015 年首都大学生对国内外重大事件的关注度较 2010 年同期数据提高了近 5%。大学生们紧跟时代潮流，主动了解甚至参与社会各领域的各种热点焦点，且有着强烈的表达诉求，希望通过争论和碰撞形成观点，摸索新的思路和新方法，形成"我的"独特视角。当前高校新闻舆论工作存在的重要挑战即来自于大学生受众群体对信息需求的多样化、观点表达的个性化。他们既关注与自身密切相关的就业与前途问题，也对当下的国际国内热点事件保持着持续热情。大学生的信息需求呈现出多元化的趋势，同时，大学生身处的环境又普遍呈现出信息冗余的情况。因此，高校新闻舆论工作如果能与时俱进，形成新的范式，传播效果提升的空间巨大。

3. 失控——显性舆论场与隐性舆论场

由于传与受的不对称与不对等，目前高校新闻舆论工作客观上存在着"两个舆论场"的现象，一个显性的即以校方或官方为代表的主流舆论场，这个舆论场借助于主流媒体或官方途径，构建了一个自上而下的舆论传导体系；另一个则是"隐性舆论场"，也可称之为民间舆论场，这个舆论场借助以网络为主阵地的非主流或非官方媒体，自发形成。但借助于网络传播的迅捷，很多时候其影响力、覆盖面、传播力超过显性舆论场。

4. 失准——"把关人"与媒介素养

传统媒体的把关人理论提出，在群体传播过程中，只有符合群体规范或把关人价值标准的信息内容才能进入传播的渠道。[1] 在传统媒介环境下，高校新闻舆论工作存在着"把关人"一说并没有错，且"把关人"的媒介素养在一定程度上影响着高校新闻舆论工作的效果。因此，要想提升高校新闻舆论的传播效果，提升"把关人"的媒介素养是关键。但在新媒介环境下，信息的传播处于弥散的状态，只有在显性的舆论场内，似乎还有清晰可辨的"把关人"，进入网络世界，谁是"把关人"、谁是传播者、谁是受众，角色可能瞬间转换，信息可以自我纠正，观点可以相互辩驳。因此，高校新闻舆论工作如果还以"把关人"作为筛选议题唯一途径，传播往往会处于失准的状态。如何在信息传播弥散的状态下，在即时性、交互性与迭代性成为信息传播的常态的情况下，不让新闻传播"失准"，显然对新闻舆论工作者的媒介素养提出了更高的要求。

三、新媒介环境下高校新闻舆论工作的创新思考

新媒介给高校新闻舆论工作带来挑战，也带来了机遇。笔者尝试基于对议程设置理论的思考，提出目前高校新闻舆论工作创新与突破的三个着力点。

1. 谁来设置议题——两个舆论场的共振而非背离

所谓媒介的议程设置功能，即指这样的一种能力：通过反复播出某类新闻报道，强化该话题在公众心目中的重要程度。

议题的设置应该是双向、互动而非单向、静态的。高校新闻舆论工作要改变议题设置的方式。借助于网络媒体的参与性、即时性，将学生的兴奋点、关注点与舆论引导、价值引导对接起来，使显性舆论场与隐性舆论场形成共振与呼应。同时，新媒介环境下，应积极运用互联网思维为当代大学生设置议题。议程设置不但为传播者厘清了媒介的传播效果产生的方向，同时也昭示了传播者，要越过官方辞令的套话，探寻揭示事物的本质。作为网络原住民的大学生有自己认可的话语体系，虽然"蓝瘦""我方""吃土"这样的网络语言未必有生命力，但"你若端着，我必无感"肯定是这一代人的特质，因此，追求平等、包容、多元化的表达方式与传播方式，也是议题设置应考虑的调适方向。

双向、互动地来设置议题，利于有效化解目前高校新闻传播因两个舆论场的存在而隐伏的"失控"风险。同时，用适合大学生群体接受心理的信息表达方式，利于解决传播的失范问题。

2. 谁来调适议题——去中心化的调适机制

互联网技术的本质在于即时、共享与迭代，信息传播技术也是如此，所谓议题的调适能力，即如何在新媒介环境下，让传统媒体、网络媒体、社交媒体的议题在相互设置中不断得到调适，最后形成明确而共容的媒介与公众议题。

传统的"把关人"理论在新媒介环境下已变得模糊不可辨，因此，调适议题再不是原来"把关人"理论强调的"中心化"的调适机制，而应是扁平化、互动性的调适机制，即在高校新闻舆论工作中，要建立一支去"中心化"、非"层级性"的议题调适队伍，这个群体的构成追求的是多样化与扁平化，能在网络环境下快速反应并形成合力，将偏移或模糊的议题调适至明确、主流的方向。历

年来针对大学生思想政治状况的调查皆显示，大学生的价值认知正面，对社会热点持理性态度。因此，建立与新媒介环境相适应的扁平化的议题调适队伍，摒弃"中心化"的单向把关理论，利用网络把传播的接触点尽可能网络化，有效解决传播的失焦问题，是高校新闻舆论工作创新的第二个着力点。

3. 如何来传播议题——从"想什么"与"如何想"两个层面着手

议程设置不仅在议题层次发挥作用，而且在议题属性或议题的层次上发挥作用，即"新闻不仅告诉我们该想些什么，而且告诉我们该怎样想"。从这个角度来看高校的新闻舆论工作，我们可以得出以下的几点结论。首先，对于高校的新闻舆论工作者而言，需要有更强的责任心，尤其是在信息冗余的当下，为受众提供怎样的议题清单，在某种意义上不仅是信息的一种供给，也是一种价值的导向。其次，议程设置在两个层次上的传播效果，也意味着高校的新闻舆论工作有很大的作为与空间。如何更好地利用新媒体的优势与特点，构筑高校思想政治工作的舆论新阵地，需要从"想什么"与"如何想"两个层面着手，关键时刻不仅要勇于亮观点，更要善于亮观点，用贴合于年轻人价值判断的语言与方式去做有效的价值传播。最后，对于高校新闻舆论工作中不可避免的一个内容——危机公关而言，如何来传播议题更是提醒我们，通过恰当的方式来建构议题是捕捉受众注意力的关键。当突发事件来临时，如何通过主动的议题设置与传播来最大程度地吸引受众注意力，是危机公关成功与否的关键。

议程设置理论作为传播学的主导理论之一，从诞生之日起，就随着传播技术的革新而不断得到修正与丰富。高校新闻舆论工作作为传播学领域的重要一环，理应从这个主导理论的最新成果中汲取灵感，为高校思想政治工作的创新提供方向。

【参考文献】

[1] 郭庆光. 传播学教程 [M]. 北京: 中国人民大学出版社, 1999.

3.12　新媒体环境下大学生参与高校民主管理的组织形式探析与实践 ①

民主是人类文明的发展成果，也是现代化国家的重要标志。中国改革开放30 多年来，民主建设取得了巨大成就。其中，大学生参与高校民主管理，既是建构现代大学治理体系的重要组成部分，也在培养大学生民主意识中发挥着积极作用。近年来，大学生参与高校民主管理已在各高校广泛开展，大学生民主参与意识大大增强。此外，随着微信、微博等新媒体的广泛应用，大学生参与学校民主管理的方式和渠道日益丰富，广度深度日益加强。基于传统组织形式组织大学生参与学校民主管理，面临着一些新问题和新情况。

一、大学生参与高校民主管理的新问题新情况

自 2013 年 11 月东华大学等六所高校发布大学章程以来，教育部先后核准发布了 84 所中央部门所属"211 工程"高校章程，在已发布的大学章程中，都对大学生参与高校民主管理作出了相应的描述和安排。大学生参与高校民主管理已成为现代大学治理的必备要素。同时，新媒体发展日新月异，校园文化蓬勃繁荣，相比之下多数高校现行的大学生参与学校民主管理的组织形式，存在着诸多不相适应之处，主要表现在以下几个方面。

1. 组织形式过于单一

当前，从多数高校章程来看，大学生参与学校民主管理普遍采用"党委—团委—学生会"或直接设立校务委员会、监察委员会、校长学生秘书等组织形式，这种"单一直线式"的校方、半校方组织形式仍是一种传统的做法，难以解

---

① 本文原载于《思想理论教育》2016 年第 11 期。

决新媒体环境下的新问题，也没有充分抓住新技术创造的新机遇。实际效果往往是，看似安排学生表达意见的机会不少，实际上学生影响学校决策的可能性却很小。没有形成校方与学生沟通和有利于学生参与学校管理监督的组织形式和运行机制，大学生参与学校管理中表达的意见分散，缺乏真正有效的组织性和实质性的参与。

2. 参与民主管理的广度和深度受限

从现实情况来看，学生能够参与管理的学校事务多数集中在衣食住行、评奖评优等涉及学生自身权益的学习和生活方面，对于学校学科建设、师资建设、人才培养、校园规划建设、大学精神凝练等涉及全体学生利益以及大学长远发展等更为深层次的问题，学生则少有机会参与，学生参与学校的民主管理广度和深度都比较有限。

3. 参与群体缺乏代表性

无论是"党委—团委—学生会"的组织形式，还是直接设立校务委员会、监察委员会、校长学生秘书，能够直接参加意见表达的学生仍然是少数，在学生动辄数以万计的中国高校，大学生广泛参与的意识和积极性尚不理想，实际参与民主意见表达的多为学生干部或社团负责人，人数偏少，且代表性有局限。

4. 大学生参与积极性不高

现存比较成熟的校内学生意见表达，主要是通过学生会、学生社团、校长信箱等途径和平台，网络平台也以校内 BBS 为主，学生使用的积极性不高，而对于学生经常使用的新媒体平台，由于对新媒体平台的可控性等的担忧，学校的关注参与不够，存在学校和学生分处两个舆论场的不对称现象。

5. 组织形式建设缺乏制度保障

教育部 2005 年修订的《普通高等学校学生管理规定》要求"学校应当建立和完善学生参与民主管理的组织形式，支持和保障学生依法参与学校管理"。相关文件对学生工作提出了一些原则性的要求，属于指导性的意见，缺乏可操作的实施细则。除此之外，我国目前也尚未出台有关大学生参与学校民主管理的法律、法规条文，虽然部分高校通过制定大学章程作出制度安排，但仍缺乏细化安排。总体看来，我国大学生参与学校民主管理的制度建设亟待完善。

二、新媒体环境下大学生参与高校民主管理的组织形式探析

当前，以微信、微博等网络应用为代表的新媒体蓬勃发展，高校民主管理环境发生了重大变化，学生从被动的客体变为主体，校方从主动关注学生诉求到有效创造民主表达平台扩大学生参与面，大学生参与学校民主管理的组织形式也出现根本性变化，超越了传统简单的代表制，而是体现了更多的互联网和新媒体特征。新型组织形式主要有以下四种类型。

1. 人人参与的"大众自组织式"

自媒体时代，人人都有"麦克风"。每个学生都可以利用微信、微博等社交媒体自由方便地表达诉求。学校的特设组织或平台不再是大学生参与学校民主管理的唯一主渠道。新媒体为大学生参与学校民主管理创造出众多新渠道、新方式。人人参与、具有自组织性质的"大众自组织式"组织形式应运而生，降低了大学生参与民主管理的门槛，扩大了学生的参与面。

2. 少数人参与的"精英代表式"

学生组织一般由学生中的精英代表组成，是推进高校校园文化建设的重要力量，这些代表包括学生党员、特长生及综合素质突出的优秀学生。这些"学生精英"作为各类校内学生组织骨干，担任参与学校民主管理的职务，如校长学生助理等，直接代表广大学生参与学校民主管理。新媒体环境下，网络平台上学生组织的干部或网络意见领袖，利用自身的影响力和引领性身份，发挥以点带面的网络动员和带头统领作用，在参与学校民主管理的舆论建构中，发挥出越来越核心的作用。一般情况下，少数学生精英的意见往往引领或代表了大学生群体的意见。

3. 团体参与的"圈子式"

新媒体环境下，高校校园 BBS、官方微博及微信公众平台成为学校主导的校园中心媒体的重要组成部分。学生参与上述网络媒体的运营与管理，成为普遍现象。基于上述社交平台，学生与学校开展了内容越来越丰富的互动，并基于观点、兴趣和其他因素，形成一些社交圈子。在参与学校民主管理的过程中，也体现出鲜明的团体参与特色。一是依托圈子的人员构成优势，围绕特定的话

题，充分发挥学生会、社团、网络群组等组织人员的专业性和兴趣点，为学校发展提供相对专业化的管理意见；二是依托圈子的平台资源优势，利用新媒体的网络投票、网络调查等功能，围绕校方管理中的困难和决策意向公开征求意见，公示阶段性结果，形成一整套有平台、有话题、有目标的学生参与学校民主管理的流程及体系。

4. 多种组织形式融合参与的"网格式"

新媒体的发展为创新学生参与学校民主管理的组织形式注入了无穷的活力。网上网下成建制、角色互换的立体网络组织模式，使得"大众自组织式""精英代表式""圈子式"等多种组织形式特征共存。网下校方建制化形成的学生组织，通过网络组织发声，不仅可以把民主参与的声音放大，也更利于集中表达该组织的诉求。通过发挥不同组织的角色作用，来实现网上网下互通的"聚是一团火、散若满天星"的学生参与学校民主管理的组织形式。

三、当前大学生参与高校民主管理组织形式的典型实践

毋庸置疑，新媒体的出现，改变着当前学生成长成才的模式，也进一步加速了高校民主治理模式的变革。尽管大学生参与学校民主管理的组织形式还相对传统落后，但也可欣喜地发现，部分高校依托具有时代特征的新媒体，通过有意识的培育，促进了学生参与学校民主管理组织形式内涵和外延的深化，先后出现了一批参与民主管理的新型组织形式，体现了民主管理发展的新理念，其中不乏具有代表性的创新案例。

1. 利用微信公众平台形成的"大众自组织式"组织形式

微信是目前大学生使用最为广泛的网络新媒体应用，也是高校开展宣传教育的有效平台。据统计，80%以上的中央部门直属高校开通了校方微信公众平台，除了主动公开信息和网络宣传外，还提供了树洞、图片墙、大字报等互动功能应用，同时也出现了"武大助手""匿匿"等一批基于微信公众平台的品牌产品。这些品牌产品的鲜活应用，支撑了大学生以"大众自组织式"组织形式参与学校民主管理的运行。

"武大助手"，是武汉大学非校方微信公众平台，初始订阅服务时，需要绑定学校信息，从而保证了进入社群的用户为学生群体。该平台以诙谐活泼的服务风格，贴近学生的生活与学习、交友与娱乐、情绪发泄与表达内心的需要，提供个性化的点对点服务，给予用户切身的现实感受，让学生乐于在匿名状态下分享自己参与学校民主管理的看法和诉求，并能形成较大程度上的共鸣，凝聚成具有影响力的现实参与力量，发挥了较好的人人参与的组织效应。

"匿匿"——非校方匿名评教系统，是由华中科技大学冰岩作坊团队开发的。利用这一系统学生可以完全匿名的形式给任课教师打分，所有的教学评价都是公开透明的，在此既可以看到低年级学生选课的咨询，也可以看到高年级学生对任课教师的吐槽或褒奖，使"匿匿"成为学生选课的必访宝地。这样的学生自主创建平台，是人人都可以参与学校民主管理的组织形式。天津大学贴吧，安徽财经大学、长沙学院等非校方微信公众号也纷纷启用了该应用。

2. 利用微博开展线下活动的"圈子式"组织形式

微博作为一种分享和交流平台，能够实时表达用户的思想和动态。大学生不仅通过个人微博表达意见参与学校民主管理，还以"使用微博"为兴趣连接，利用线下的集聚效应成立协会类的学生组织。这样的学生组织，可以发挥互联网快捷、便利的优势，组织线上线下活动，整齐划一、声势浩大地表达全体组织成员的意愿，以更大的力量参与到学校的民主管理中来。校方可以通过这样一个"圈子式"兴趣组织与学生进行交流与合作，准确了解学生参与学校民主管理的集体诉求和个人需求，从而实现学校民主管理供需双向车道的有效对接。

2011年5月，全国首个高校学生微博协会——清华大学微博协会成立，3个月的时间招募了15000多名会员。发展至今，包括湖南师范大学在内的百余所高校建立了学生自治的微博协会。参与微博协会的学生，基于对微博的使用兴趣集聚，更相信也更善于借助新媒体的力量，为师生互动、校友交流及各学生组织的宣传活动提供支撑。微博协会在服务学生和学校的同时，集聚学生线上线下的所思所求，利用组织的力量，参与到学校的民主管理中来。特别值得关注的是，在学校的指导下，微博协会的会长由全部会员匿名投票选举产生，这锻炼了学生参与民主管理的素养和能力，为建设好和发挥好"圈子式"的学生自组织形式提供了较好的探索和实践。

3. 利用易班实现多种组织形式参与的"网格式"组织形式

易班是一个线上与线下结合、班级与社团结合、校内与校外结合、匿名与实名结合的大学生网络互动社区。易班社区以班级为单元建制，线上班级与线下班级一一对应，学生具备前端虚拟 ID 和后台实名信息双重身份，并可在不同的社区平台上变换——在网上班级里，学生通过开展网上讨论，解决班级管理中的问题，制定班级管理制度，鼓励学生为班级事务献计献策等，同时，匿名选举班长、民主测评等在网上进行的各类班级事务，也可以在线下实施。

上海海洋大学的大型校园主题建设活动——"超级梦想班级"，充分体现了校方组织、学生设计的以评促建的民主管理思路，充分调动整个班级的主动性和积极性。"超级梦想班级"通过线下线上系列活动和主题建设的结合，突出学生强烈的集体荣誉感和参与感，以班级为主体，历时 5 个月、覆盖全校 789个班级。活动中晒创意、亮公益、比成绩、推"达人"……还有竞选拉票、开展宣传活动和包装自我等环节，充分发挥学生线上线下动员能力，展示班级的实践力、创新力、引领力、活动力、学习力和组织力，汇聚展示每个成员的梦想，打造极具个性、有爱、有梦想、有行动的超级梦想班级，有效地凝聚了班级成员对班级建设管理的共识，并在参与班级民主管理过程中实现了最大化的建设发展，不失为一次网格式的民主管理组织形式创新。

4. 其他形式

除新媒体外，传统的网络社区，如校园 BBS、百度贴吧、人人网、电子刊物等，仍然是大学生常用的向学校表达诉求的有效平台。在新媒体环境下，传统平台上运行的传统的"精英式"组织形式也焕发出新的活力，仍值得期待和关注。

四、新媒体环境下大学生参与学校民主管理的基本原则

在新媒体加速发展的今天，传统的单向、单一、直线式的"党委—团委—学生会"组织模式受到挑战，大学生参与学校民主管理的组织形式已然出现了多

元多样化特征，逐步形成"双向互动、多种模式共存"的建设局面。展望大学生参与学校民主管理，除了组织形式的转型发展，还有思想观念、管理内涵、体制机制、方法途径等诸多方面亟待改革创新，以适应社会民主发展需要和适应现代大学制度建设需要。笔者认为，无论推进哪一方面的建设，加强大学生参与学校民主管理始终有三个原则不能忽视。

第一，坚持学校党委的领导。大学生参与学校民主管理，不是向学校分权，更不应成为校方管理的对立面，而应当作为学校建设的有机组成部分和力量，积极参与建立以"党委领导、校长行政、教授治学、民主管理"为基本框架的现代大学治理结构。

第二，围绕立德树人的根本任务。人才培养是大学的根本，大学生参与学校民主管理是保障学校科学决策的有益机制，需要始终把握好"为了谁、依靠谁"，更好地发挥学生在人才培养中的主体作用，立足于完成好立德树人的根本任务。

第三，妥善应对新媒体带来的挑战与机遇。大学生参与学校民主管理，是新媒体带来的复杂舆论和社会背景的要求。同时，也可以理解为在新媒体"用户参与"思维指导下，现代大学治理模式改革创新的一种探索。

3.13　还网络舆论民声本色 ①

秦志晖（微博名：秦火火）造谣诽谤、寻衅滋事案，4月11日在北京市朝阳区人民法院第三法庭开庭审理。秦志晖当庭认罪并向罗援、杨澜、张海迪等人道歉。

玩火者必自焚。制造谣言、传播谣言，将"民意"当生意，利用恶俗、无底线的炒作赚取利益，这些终将受到法律的追责。然而，在今天，我们似乎也很有必要反思，"秦火火"为什么能"火"起来？如何才能让网络舆情趋近真实的民意？

网络舆情并不等同于民意

按照一般的说法，网络舆情是指在一定的社会空间内，通过网络围绕中介性社会事件的发生、发展和变化，民众对公共问题和社会管理者产生和持有的社会政治态度、信念和价值观。它是较多民众关于社会中各种现象、问题所表达的信念、态度、意见和情绪等等表现的总和。但在现实中，特定的网络舆情到底代表多少民众的意见很难测定。

比如，一些高校为保障学生休息，有晚11点关灯的制度。有一段时间，某著名高校 BBS 上，大量帖子一面倒地对此提出异议。在学校随后组织的 BBS 投票中，80% 的学生选择不关灯，学校因此决定取消关灯制度。通告一发出，BBS 上突然涌现大量反对意见。学校不得不做第二次投票，结果仍有约 60% 的意见选择不关灯。为了慎重，学校面向全体在校生做了网下实名投票。结果出乎意料，有 50% 多的同学选择了正常关灯，30% 多的学生选择了推迟一小时

---

① 本文原载于《文汇报》文汇时评，2014 年 4 月 15 日。

关灯，只有不到 20% 的同学选择了不关灯。这个实例中，网络舆情与真正的民意相去甚远，不仅因为参与网络表达的网民是少数，更是因为少数利益攸关者言辞激烈的表达，造成"沉默的螺旋"，掩盖了沉默的大多数的意见。

网络舆情还时常受到网络谣言的裹挟。网络造谣者在利益驱动下，娴熟地使用着"议程设置""涵化培养"和"沉默螺旋"等传播技巧，恣意虚构了大量所谓的"网络民意"。

此外，一个人可以注册多个网名，拥有数以百万甚至千万的粉丝，还可以利用技术手段，向不同网络平台瞬间发送数量惊人的内容，表面上似很多人支持同一观点，从而虚构出按传统观点看起来俨然颇具代表性的"民意"。

根除谣言才能还民意本色

民意的表达和民意的实现，是和谐社会构建的基础。从来没有一个媒介像网络这样，让公众的表达如此参与方便、传播迅捷、覆盖广泛。这让人们对其在表达民意方面寄予厚望。

根除网络谣言及其滋生的土壤，是让网络舆情更趋近民意的必要条件。一颗老鼠屎坏掉一锅汤。一段时间以来，利益驱动的网络谣言，不仅破坏了网络舆情的公信度，侵犯了无辜民众的权益，危害了健康的社会秩序，阉割了真实的民意，而且还相当程度上制造公权力与网民对峙的种种假象。毋庸置疑，不根除网络谣言及其滋生的土壤，健康的网络舆情不可能形成。"两高"出台司法解释两个月来，公权"亮剑"，造谣者和大肆传谣者锒铛入狱。之前，如雾霾般笼罩在网上的谣言乱象得到明显遏制。风吹草低见牛羊，随着谣言的退场，草根老百姓真实的网络表达、专家学者理性的分析判断，才可能回归网络舆论中心，还网络舆情民意本色。

促进更多公众参与真实、充分的网络表达，是让网络舆情更趋近民意的重要基础。人们欢呼公权"亮剑"铲除毒草杂草的同时，也担忧庄稼被误伤。互联网一定程度上是社会的泄压安全阀，是草根老百姓"吁天"的通道。草根网民的呼声，哪怕是情绪性的宣泄和诉求，释放出来，有利于政府和全社会发现被淹没的问题，及时解决，为社会活血化瘀，排毒解毒。因此，政府部门在打击谣言的同时，还应该进一步保护公众的网络表达权，促进更多公众参与真实、充分的网络表达，形成良好的社会沟通。

构建健康的网络舆论生态

构建有活力、有张力的网络舆论生态，是让网络舆情更趋近民意的长久保障。首先要健全法律和公序良俗的约束。互联网不是法外之地，网民不是化外之民。全国互联网从业人员、网络名人和广大网民，都应遵守"七条底线"，营造健康向上的网络环境，积极传播正能量。

其次要化解官方和民间所谓"两个舆论场"的隔阂。面对一定程度上存在的官民之间的信息不对称，政府部门应进一步落实政府信息公开条例，倾听网民声音，以网民的语言，从老百姓的视角，遵从网络的规律，用平等对话，积极主动引导舆论。

三要强化对政府部门网络执法和治理的监督。打击网络谣言，不枉不纵、不私不盲，保障公民正当的意见表达和舆论监督权利，谨防被有些素质不高的地方官员用来打击异己，那样只会遮蔽矛盾，增加社会压力。

四要既关注大众民意，也关注小众民意。互联网是一些基层民众发出诉求的重要渠道，包容和重视草根网友的意见，对于非理性心态和不良情绪，即使是人微言轻的个案，也需要积极疏导，释疑解惑，化解矛盾。政府部门多一分诚恳和谦卑，社会体制就多一点弹性和张力。

五要注重提升社会个体的网络素养。面对众声喧哗，网络社会更需要个体自律、道德重树和素养培育。

六要积极解决网上反映出的网下问题。网上谣言的遏制，网上民意的实现，关键在网下，基础在网下，长远在网下。网下解决问题越多，网民越愿意表达，真实表达也越多，形成社会良性互动才越多。长此以往，网络舆论生态会越来越健康，现实问题会越来越少，社会才会越来越和谐。

做有温度的数字教育

　　站在工业时代与信息时代交汇的尖峰时刻，教育工作者到底是面向未来还是背向未来，决定着我们学生的未来。人才培养是教育的第一任务。教育规律是教育数字化转型必须遵守的第一规律。离开教育规律，数字化转型可能迷失方向，甚至犯买椟还珠、舍本逐末的错误。

　　ChatGPT 让我们重新审视教师职业的价值。人技结合让教师能够更好地成为心灵的呵护者、思想的引领者、人格的塑造者、课程的设计者、资源的整合者，真正做到塑造灵魂、塑造生命、塑造新人。一个适应新时代发展需要的高质量教育体系，是教育数字化转型的具体体现。创建的基本遵循是，让每个孩子享有人生出彩的机会。

4.1 做有温度的数字教育探索 ①

数字技术发展日新月异，教育变革成为时代主题。小学教育肩负着为学生一生发展奠基的重任，面对技术挑战与新发展机遇，帮助和引导少年儿童"扣好人生第一粒扣子"，需要以教育数字化开辟新赛道、塑造新优势。牢牢把握立德树人根本任务要求，是新时代小学育人模式创新的基本遵循。

上海市黄浦区卢湾一中心小学（以下简称"卢湾一小"）是一所"家门口的优质学校"。学校坚持以情感教育为魂，培育小学生正确的世界观、人生观和价值观。在数字技术应用快速普及的背景下，作为上海市教育信息化应用标杆培育校，学校又勇于探索与创新，率先开展数据驱动的大规模因材施教，通过情感教育与数智技术双驱动，努力破解新时代小学育人模式转型难题，形成了"育人全过程融合、教学全流程优化、评价全要素诊断、教师全方位发展"的小学育人新模式，起到了很好的引领示范作用。

始终坚持育人为本、以爱育人

无论是"教有真情，育无止境"的情感教育研究，对小学生成长规律和发展特点的把握，还是直面信息技术和数字时代浪潮开展的数智技术探索，卢湾一小始终以立德树人为己任，回答着"培养什么人、怎样培养人、为谁培养人"的教育根本问题。

在教育信息化发展出现"只见技术不见人"，重技术、轻育人，重设备、轻应用，重建设、轻效果等异象时，学校始终将"育人为本"作为教育信息化发展的标杆，让技术应用有了育人导向。例如，在数据采集上，不只关心分数，更将

---

① 本文原载于《中国基础教育》2023 年第 8 期。

应用范围拓展至育人全过程，覆盖知识、能力、行为、心理、情感等各方面，通过学生书写停顿、压感等笔迹数据来综合、多维地对学生学习过程进行分析和干预。又如，在技术设备的使用上，从原来的平板到手写板再到"云笔"，从原来的摄像机到人体热感应设备，从原来的直接数据到加密数据等，用什么技术，怎么组合使用，都服从于教育初心和育人效果。

矢志破解立德树人难落地、"五育"难融合的学校教育问题

我们要把立德树人融入教育各环节、各领域，培养德智体美劳全面发展的社会主义建设者和接班人。然而，如何让立德树人根本任务落地落实却是学校教育面临的一大关键难题。今天，数字技术的崛起正在重塑我们的世界。教育信息化的发展已经跨越了"资源分享"的阶段，进入了"数据驱动"的新阶段，引领着教育发展进入新赛道。大数据和人工智能，在更好地了解学生身心发展、发现能力大小、贯通教育环节、促进五育融合、推进学科融合和评价诊断等方面具有不可替代的作用。

但技术并不能替代情感（如师生间的交流），也不能替代体验和经验，更不能直接发挥情感培育、人格完善和价值引领的作用。而小学阶段是培养情感能力、人格品德、兴趣特长的关键期。卢湾一小探索情感教育与数智技术双驱动，用数智技术注入育人活力、情感教育把握育人方向，正是为立德树人落地、实现"五育"融合找到了突破的"引擎"。

学校从探索教育教学碎片化应用场景，到对小学育人模式变革进行全面实践研究，通过建构全人数字画像、重塑教学五环节、多源多维系统评价、以用促学以研促用，激发学生、激活教师，触动内因、贯通融合，不断推动立德树人根本任务的落地，最终形成完整的育人新模式并取得初步成效，持续多年不间断、"深井式"的探索尤为可贵。

"术道相融""人技结合"探索数字时代教育新形态

卢湾一小探索的"人技结合"协同共育，不仅已形成了"数据采集—分析—干预—评价反馈"的运行机制，更将推动形成新的教育形态和育人生态，重塑教师的价值。

小学育人模式转型是个系统工程，需要以新基建、新基座为基础支撑，推动教育信息化从"脉冲式"走向"常态化"、从"碎片化"走向"系统化"、从"简单应用"走向"深度融合"。突破场景、融合应用、走向流程、构建生态，需要术道相融、人技协同。数据的采集、分析、干预、评价反馈，也都要依托教师智慧和育人能力才能最终实现深度融合，帮助学生实现知、情、意的全面提升。这是人、机、环境等多元融合后的高维交互，是将教育智慧和数据智能结合形成的新型智能。

同时，以 ChatGPT 为代表的生成式人工智能迅猛发展，也让我们重新审视教师职业的价值。人技结合让教师能够更好地成为心灵的呵护者、思想的引领者、人格的塑造者、课程的设计者、资源的整合者，真正做到塑造灵魂、塑造生命、塑造新人。卢湾一小正是通过融入教学五环节和一日教学生活各环节的人技结合，在增厚每位教师信息素养的同时，促进其育人意识和育人能力的不断提升。

这种新机制的探索，正在为教育孕育一种新的生态，也将在广度和深度上将人的全面发展与社会发展相统一推升到一个新的高度。

好的教学成果研究，总是致力于努力破解"未知"，矢志创新"未艾"，引领启迪"未来"。卢湾一小探索了新规律、创造了新模式、取得了新突破，未来更是任重道远、前景广阔。

4.2　数字素养是新时代教师的核心素养 ①

在前不久习近平总书记主持召开的教育文化卫生体育领域专家代表座谈会上，总书记讲道："要总结应对新冠肺炎疫情以来大规模在线教育的经验，利用信息技术更新教育理念、变革教育模式。"对于教育理念的更新和教育模式的变革，目前大家还在学习思考和讨论当中，但是我们由此可以预见到，在未来，信息技术的教育应用将不再仅仅是一个手段，它将从深层次上更新教育理念、变革教育模式，催化教育现代化的质变。

回顾今年上半年，一场突如其来的新冠疫情，给教育带来了前所未有的挑战。在教育部"停课不停学"的要求下，上海市紧急制定并实施了全日制、全覆盖、全媒体、全免费的"空中课堂"教学方案，全市所有中小学生和全体中小学教师共同参与。通过 4 个多月的实战练兵，教师的信息素养得到了全面提升，教师利用信息技术开展常态化教学的水平整体得到了实践的检验，也受到了家长和社会的广泛肯定。经历之前的疫情，学生们回到曾经的校园、曾经的教室，课堂也恢复曾经的课堂，然而"曾经沧海难为水"，现在的课堂已经不是从前的课堂，教师能力与学生认识、教与学模式都已经发生了很大的变化。同时，"空中课堂"也彻底提升了教师、学生、家长和社会对于信息技术之于育人的重要性的认识，让更多的人接受，甚至愿意主动拥抱技术，开启了传统教育向人工智能时代教育变革的大幕。因此，现在再来看教师信息技术应用能力提升工程 2.0，我们应有新的认识，明确新的任务和新的路径。十九届五中全会对教育提出了"建设高质量教育体系"这样一个新的目标，这个教育体系的内涵和外延都十分丰富，不仅仅包括了更新教育理念和变革教育模式。

---

① 本文为作者任上海市教育委员会副主任时在"2020 年上海市中小学教师信息技术应用能力提升工程 2.0 专项培训"上的发言。

根据教育部能力提升工程 2.0 的任务要求，上海市制定了《上海市中小学教师信息技术应用能力提升工程 2.0 整校推进实施指南》和《上海市中小学教师信息技术应用能力提升工程 2.0 校本应用考核制度》。刚才，上海市电化教育馆馆长张治对两个文件进行了解读。接下来，我们将以学校为基本单元，根据教师能力水平进行分类指导，全面提升教师的信息化教学能力，提升学校管理团队的信息化领导力和指导团队的信息化应用指导力，有计划地推进数据支持下的大规模的因材施教。

刚才闵行区教育学院和黄浦区卢湾一中心小学的经验分享为各区、各校提供了推进教育教学和教学管理信息化结合的案例。闵行区的方案强调了"在核心项目引领下整校推进"的策略，突出了"学用结合、以学促用"的指导思想。他们将能力提升工程与"智慧教育示范区"创建工作有机结合，紧紧围绕"探索数据驱动的大规模因材施教"这一目标，通过具体的信息化项目的研究，开展校长、骨干、教师分类培训，有计划、分步骤地推进能力提升工程。这个方案对于我们各区的工程推进有一定的借鉴意义。黄浦区卢湾一中心小学是全市首批信息化标杆培育校，应该说无论是在学校的信息化建设方面，还是在教师的信息化素养培育方面，都曾经站在一个较高的起点上。学校提出的"由数据驱动走向智慧应用"的目标，应该说具有一定的引领性，值得进一步期待。

能力提升工程的一个重要目标就是要引导教师为未来的教育变革作好准备，我们需要有这样的视野和思考。"上面千条线，底下一根针。"在教育领域，教师是实施教育的最终主体，所以教师是最关键的"最后一公里"、最直接硬核的环节。立德树人的工作是通过教师来最终实施的，在信息化时代，要做好立德树人的工作，教师的信息技术素养、信息技术应用能力是不可或缺的。这种能力素养也首先应该体现在教师身上，真正最终发挥作用的关键也在教师身上，这也体现了我们这一次教师的信息化能力提升工程对于教育现代化的先导性、基础性的重要价值。

因此，希望各级各类学校在本次能力提升工程的实施过程中，引导教师重新审视信息技术与教育教学的关系。信息技术不再只是教育教学的手段，它不是可有可无的手段，也不是可用可不用的工具。尤其是通过这次疫情期间广大教师的在线教学实践，要引导教师更多地去思考：信息技术能够为我们的立德树人做些什么？能为今天教育面临的深层次难题破解启发什么？我们的信息技术的应用如何推进技术与教育教学的融合？可以去思考：信息技术本质上的作用在于拓展时空，通过信息技术让课堂突破时间和物理空间的某些限制和边界，这种超越以往课堂教学局限的变化，将在教学模式上给我们带来哪些可能？

现在的教育模式是从过去的工业化的教学模式继承而来的，怎样迈向信息化时代的学习共同体？在今后的课堂中，信息技术能够起到什么样的作用，或者说信息技术将带来课堂怎样的改变？这些都值得大家思考。可以说不远的几年之内，如果一所学校的教师不具备相应的信息素养，没有相应的信息技术应用的能力，就必然不能胜任新时代的教学和立德树人的任务，这样的学校也面临着被弯道超车的风险。

今天，我们启动区级管理者团队、校级管理者团队、骨干教师三支队伍的市级专项培训，希望参训的教师们要把握好以下几点。

首先，要站在"面向未来"的高度认识这项工作的重要意义。习近平总书记曾经指出："没有信息化就没有现代化。"这句话深层的含义就是我们已经迈入了一个信息社会，信息技术已经成为社会的重要支撑和引领。在这种情况下，所谓的现代化、科学性、先进性以信息技术为支撑和出发点。可以说，谁率先抢占了信息技术的高地，谁就走在了世界的最前端，掌握了未来的主动。

信息化为中华民族带来了千载难逢的机遇，当然也带来了巨大的挑战。教育信息化在中国发展了 30 年，但是我们的教育理念、体系和内容并未发生应有的变化，新的教育形态也并未产生。上海从 2015 年起参加了两次 OECD 组织的 TALIS 测试，结果都显示，我们在教师的专业能力方面大部分指标处于世界前列，唯独信息技术应用能力却一直是短板。这也给我们敲响了警钟，我们一定要有主动变革的意识，要努力让信息技术与课堂教学和教育管理深度融合。实施教师信息技术应用能力提升工程 2.0 是贯彻和落实《中国教育现代化 2035》的一项重要举措，也是实现《上海市教育信息化 2.0 行动计划（2018—2022）》（以下简称《教育信息化 2.0 行动计划》）的必要条件和基础。我们推进能力提升工程，就是在为实现教育现代化作准备、打基础。各位参训的教师一定要有超前意识，更高的眼界和责任心、责任感。

其次，要把握好"整校规划"的实施策略。本次能力提升工程 2.0 较 1.0 而言，最大的改变在于不单纯地着眼于教师个体的能力提升，而是把教师的信息技术应用能力与学校的教育信息化的整体谋划紧密结合。强调"整校规划"的工作策略，要贯彻在《教育信息化 2.0 行动计划》落实中提出的"以学校为最小的实施单位，系统设计推进教育信息化落地"的原则。能力提升工程 2.0 最终是否能取得令人满意的成效，既要看通过培训有多少教师信息技术的应用能力真正得到提升，又要评价我们每一所学校的教育信息化整体水平是否有了长足的发展。当然真正的评价或者唯一的评价，应该是我们是否真正提升了信息时代背景下学生成长的效果、学校立德树人的校风。

同时，我们也要注意"整校规划"不是"齐步走"，也不是"一步到位"，要充分考虑教师信息技术应用能力方面的差异、学校与学校之间的差异，给予分层分类的指导和培训。比如，每个区现在都有教育信息化标杆培育校，这些学校在信息化教学及管理方面应该有更高的要求，应该率先成为区域的标杆，示范引领其他学校发展教育信息化。教育教学的融合，推进育人效果的提升，积极参与高素质教育体系建设，每所学校都应培育一支骨干队伍，可能其中年轻的教师居多，让他们先熟练掌握一些信息化技术手段和技能，帮助稍年长的教师应用能力的提升。市、区专家团队要有计划、有步骤地深入基层一线，帮助校长结合各校实际制定出切实可行的教育信息化推进方案，为教师提供有针对性的指导，从而真正实现"全员参与""整校规划"的目标。

最后是要围绕"大数据驱动的大规模因材施教"，助力教育教学改革。关注每一个孩子的健康成长，办好人民满意的教育，是我们教育教学改革一直追求的目标。最近中央也专门颁布了教育评价综合改革的文件，应该说是在解决多年积淀下来的一个教育难题。我认为最关键的是运用大数据技术解决评价的问题。以学生为中心，运用信息技术，从技术驱动向育人为本转变，从碎片化建设向系统推进转变，从脉冲式应用向常态化应用转变。推动信息技术与教育教学深度融合，是教育信息化从"量变"跨入"质变"的关键转变。

每一位教育管理者和专任教师都要努力探索适应新时代与未来教育的新型

人才培养和教育治理模式，并开展基于数据驱动的大规模因材施教人才培养模式探索，着力提升校长信息化领导力和教育治理能力，构建数字时代人才培养和教育服务新模式。坚持学用结合，伴随信息技术在教育教学应用中产生的大量数据，鼓励教师基于数据加强个性化的指导。希望各区、各校积极实践，认真收集、上报经验与成果。

让我们共同努力，高质量地完成"上海市中小学教师信息技术应用能力提升工程 2.0"，真正让信息技术赋能教育，让数据驱动的因材施教成为可能。让上海的每个孩子更快乐、健康地成长。

4.3 锻造强国良师：擘画新时代教师队伍建设的 "上海蓝图" [①]

建设教育强国是实现中华民族伟大复兴的基础工程，建设优质教师队伍是建设教育强国的基础和前提，也是固本强基的根本战略。在中央先行先试政策的支持下，上海已基本建立了比较完备的教师培养培训体系、畅通的教师职业发展通道、健全的师德师风建设机制以及丰富多元的专业发展模式，教师队伍整体水平和综合实力稳步提升。

随着上海学生在 PISA 测试中连续取得举世瞩目的优异成绩，上海教师队伍建设机制也逐渐吸引了全世界的目光。但与中央对上海教育的示范引领要求相比，与人民群众对公平而有质量的教育的向往相比，与世界级城市的教育标准相比，与建设社会主义现代化国际大都市的发展定位相比，与优秀人才争相从教、好教师不断涌现的期待相比，上海教师队伍在规模、结构、素质能力等方面还有较大的提升空间，上海教师队伍建设工作还需在教师管理体制机制、教师的地位待遇、教师教育模式等方面进一步改革创新。

一、现状"扫码"：队伍建设成效显著

党的十八大以来，上海市始终坚持教育优先发展、教师优先发展战略，教师队伍建设取得了一定的成绩。

1. 教师队伍结构不断优化

在持续推进教师队伍建设的背景下，上海市的教师队伍规模稳步增长，结构更加优化，教师队伍整体水平和综合实力有所提升。目前，全市各级各类普

---

① 本文原载于《中小学管理》2018 年第 5 期。

通学校专任教师约 20 万人，中小学教师本科以上学历占 92%，研究生学历占 20%。职业学校教师来源渠道不断拓宽，"双师型"教师占比约 40%。普通高校教师人才梯队结构不断完善，高层次人才持续增加。

2. 师德师风建设机制日益完善

上海市在推进教师队伍建设的过程中，十分重视对师德师风的培养和建设。一是建立健全了以提高育德意识和育德能力为重点的师训课程体系，将培育和践行社会主义核心价值观、争做"四有"好老师等作为教师培训的重点内容。二是坚持政府引导和社会力量参与相结合，通过评选优秀典型、弘扬优秀事迹等形式，加强对教师队伍的正面引导。三是构建学校、教师、学生、家长和社会多方参与的师德监督机制，建立师德负面清单，严格执行师德"一票否决制"，探索建立师德与社会诚信体系的有效对接。多措并举，上海市促成了社会层面尊师重教的良好风尚。

3. 教师专业发展水平不断提高

围绕"培训谁""培训什么""如何培训""由谁培训"等根本问题，上海市夯实教师队伍基底，构筑了立体、开放、精准定位的教师培训体系，全面实施各项教师专业发展计划，助力处在每个发展阶段的教师实现专业成长。

其一，夯实新教师根基。2012 年起，上海市在全市范围内推广覆盖全市中小学（幼儿园）全学段全学科的新教师入职教育制度——"中小学（幼儿园）见习教师规范化培训"制度，以重规范、强实践为基本特点，要求中小学首次任教人员在职业生涯的第一年必须在基地学校、聘任学校和区教育学院接受四个方面 18 项任务的规范化培训。基础教育新进教师规范化培训，缩短了新教师的职业适应周期，高起点引领新教师专业成长。5 年来，上海已经有近 3 万名新教师接受了规范化培训，整体提升了上海教师的起点。

其二，助推骨干教师发展。2014 年，上海市设计并实施了"中小学（幼儿园）中青年骨干教师团队发展计划"，为有潜力的中青年教师搭建发展平台。首批遴选出的 32 个团队，紧跟上海基础教育转型发展的重点、难点、热点问题，跨校、跨区开展学习、研究、实践、交流等专业研修活动。

其三，加快高端人才培养。2005 年至今，上海市共推出三期普教系统名校长名教师培养工程，尝试通过行政主导的办法加快高端教育领军人才的成长，探索高端教师成才规律，形成有效的大规模高端人才培养之路，累计培养近3000名优秀校长和教师。

其四，拓展教师国际视野。上海市通过"上海—加州影子项目"和基础教育教师赴芬兰于韦斯屈莱大学培训项目等，增加上海教师的国际教育交流与合作机会。

4. 职业发展通道打通拓宽

上海市不断拓宽中小学教师发展的横纵通路，从职称、职级评聘上给予大力支持，在教师发展、教师流动等方面不断完善顶层设计架构。

首先，完善中小学教师职称并轨和正高级职称评聘制度，制定《上海市中小学教师职务评审条件（试行）》，设立中小学正高级教师职务。这项举措打破了长期以来中小学教师"副高"职称封顶的职业发展瓶颈，让大中小学教师能够在职称上"平起平坐"，激励优秀人才长期从教，营造"名师"成长的制度环境。

其次，打造有梯度的人才发展序列，形成"教学新秀—教学能手—骨干教师—学科带头人—名师"的梯度发展路径，为优秀教师搭建生涯发展的阶梯。

再次，建立了完善的中小学校长职级制度和职务评聘制度，推行中小学校长、中职校长（书记）职级制度改革，完善职级评定标准。

最后，建立基础教育高端人才流动制度，扶持郊区农村学校发展，如实施新晋特级校长、特级教师赴郊区学校任职任教制度，引导优秀校长和教师从中心城区学校向郊区学校、从优质校向薄弱校柔性流动。

二、问题反思：距离美好愿景还有距离

上海教师队伍建设虽取得了一定的成绩，仍存在一些不足，需要我们对照发展愿景，不断反思、总结和改进。

1. 愿景描绘：打造高素质专业化创新型教师队伍

依据中共中央、国务院前不久印发的《关于全面深化新时代教师队伍建设

改革的意见》，回应上海发展对全面发展人才的渴求以及人民群众对公平、优质教育的需求，我们将上海市教师队伍建设的目标定位为：打造一支理想信念坚定、师德师风高尚、专业水平精湛、国际素养良好、终身发展能力出众、具有核心竞争力的高素质专业化创新型的教师队伍，造就一批全国知名的教育家型校长、教师以及具有国际影响力的高层次优秀人才。

新时代的上海教师，将致力成为正确国家观、民族观、历史观和文化观的践行者，以社会主义核心价值观贯穿自身师德修养和教育教学实践全程；成为先进思想文化的传播者和党执政的坚定支持者，进一步坚定"四个自信"，不断增强"四个意识"；成为学生品格锤炼、知识学习、思维创新、奉献祖国的引路人以及学生学思践悟、知行合一的示范者；坚持以"德"为核心全面提升自身专业技能，增强人格魅力、学识魅力和职业魅力，坚持终身学习，建构并提升自身"学科教学育德能力"，不断提升自身专业生活品质。

2. 理性判断：薄弱环节仍然存在

对照上述发展愿景，上海教师队伍建设依然存在许多不足。其一，教师队伍建设的顶层设计有待强化。例如：各学段教师资源的整合共享机制有待健全，职前培养、入职教育与继续教育整体设计有待完善。其二，教师队伍的数量与结构方面存在一些薄弱环节。如学前教育教师数量紧缺、保教质量有待提高；基础教育阶段能胜任多学科、跨学科教学的综合性师资数量不足；高中阶段教师的学科结构有待优化、学历层次仍有待进一步提高；职业教育"双师型"教师队伍建设的体制性障碍依然存在。其三，教师核心竞争力仍需持续增强。其四，高层次人才集聚效应有待凸显，以名师、名校长和教育家等为代表的高水平教师规模仍显不足。其五，人事制度的灵活性和开放性仍待加强，教师职业的吸引力不足。

三、蓝图擘画：打造面向未来的强国良师

面向未来，上海教师队伍建设将传承已有经验，立足当下现状，积极采取有效措施，拓展教师发展的无限可能。

1. 立德铸魂：全面加强师德师风建设

一要落实立德树人根本任务，探索构建大中小幼一体化的德育体系，不断健全师德师风建设长效机制。二要在师德观的重建上，将新时代好教师的高尚师德与教师的专业水准建立关联。三要明晰师德的具体要求，让每位教师清楚地知道师德在自己日常的教育教学工作中的具体体现。实施师德师风建设工程，大力提升教师思想政治素质和师德涵养。组织创作一批反映教师队伍新形象新面貌、群众喜闻乐见的影视和文艺作品。严格师德惩处，建立师德失范曝光平台和定期通报制度，营造风清气正教育行风。四要加强教师师德培训。研制出台上海市中小学教师师德培训课程指导标准，多渠道建设优质师德培训课程，加强对重点教师人群以及全员教师的师德培训。以中华传统文化、革命文化和社会主义先进文化涵养师德，促进师德的内外兼修。引导广大教师以德立身、以德立学、以德施教、以德育德，启发教师不断提升道德修养和道德智慧，并践行于全部工作和生活之中。

2. 精准培养：创新教师培育培养机制

一是提高师范生生源质量。其一，我们采取公费培养、定向培养或到岗退费等方式，吸引优秀青年报考师范专业。其二，改革招生制度，在办学条件好、教学质量高的院校师范专业实行提前批次录取或采取入校后二次选拔方式，选拔出乐教适教的优秀学生进入师范专业。

二是提高教师的学历层次。探索"4+2"模式的硕士层次的师范教育。提出高中阶段的任教教师要具备研究生学历或教育硕士学位，在职高中教师攻读教育硕士将得到市教委的支持；初中与小学阶段教师学历水平逐步提升，争取全面达到研究生学历。

同时探索培养能够任教紧缺学科、跨学科的教师，重点培养教育硕士，适当培养教育博士，造就学科知识扎实、专业能力突出、教育情怀深厚的高素质复合型教师。

三是打造创新型教师梯队。上海市的基础教育人才培养注重以问题和需求为导向，以项目为抓手、以任务为驱动，强调市区共育，梯队精准培养。其一，加强人才"高峰"建设，深入推进名师名校长培养工程，培育教育家型的校长和教师领军人才；其二，加强高水平教育教学团队建设，在教育教学实践中聚焦解决具体问题，形成成熟先进的教育教学经验和理念；其三，助力青年英才成长，加强中青年骨干教师团队发展，培育、发展卓越教师后备力量。

四是整体提升全员教师素质。夯实校本研修，充分利用移动互联技术，通过打造操作便利、资源丰富的网上课程学习平台支持教师自主研修。此外，上海市还鼓励各级各类教育机构和社会团体精准开发高质量的教师培训资源，打造共建共享、开放、互动、立体、可选择的课程资源库——"课程淘宝"。教师通过网络"培训券"，完成"课程淘宝"中与自身专业发展需要相关的自主选学认证课程，超额完成部分还将收获一定的奖励，以此激发教师学习的主动性与内在积极性。

3. 进退有矩：完善教师准入、招聘、注册与退出制度

进一步完善教师资格考试政策，将修习教师教育课程、参加教育教学实践作为认定教育教学能力、取得教师资格的必备条件。严格基础教育阶段教师准入条件，提高入职标准，高中教师要求达到研究生学历，其他学段教师逐步达到研究生学历。建立符合教育行业特点的中小学和幼儿园教师招聘办法，遴选出真正乐教适教善教的优秀人才进入教师队伍。继续做好教师定期注册制度，严格在岗教师考核，建立师德考核标准与处理办法，优化教师工作考评标准与机制，强化退出机制，激发教师教书育人的活力。

4. 提升待遇：增强教师职业的吸引力

上海市委、市政府从战略和全局高度出发，切实把加强教师队伍建设、提升教师待遇与社会地位作为一项重大政治任务和根本性民生工程予以推进。一是确立公办中小学教师国家公职人员的待遇，确保中小学教师平均工资收入水平与当地公务员平均工资收入水平相比，持平或略高；二是按照社会经济发展和工作推进情况，动态调整绩效工资水平，形成教师收入正常增长机制；三是要求各区按规定将符合条件的乡村教师纳入住房保障供应范围，鼓励区政府根据区域经济发展情况，建立中小学、幼儿园教师人才公寓；四是对应聘中小学、幼儿园教师的外省市优秀高校毕业生，在落户上实施政策倾斜。

5. 夯实基础：推进教师教育学科建设与发展

上海将在中小学职称系列中增加"教师教育学"学科，确立教师教育学科地位，加强教师教育的学术研究与人才培养，在专业发展、职称晋升和岗位聘用等方面予以倾斜支持。

鼓励办学条件好、教学质量高的师范院校以及高水平综合性大学成立教师教育学院，设立师范专业，加快设立"教师教育学"二级学科；坚持将教育学学科纳入本市"高峰""高原"学科建设支持范围，将小学教育专业、学前教育专业等纳入本市一流本科专业建设支持范围，为本市学前教育和小学阶段培养输送高水平师资。

优化教师教育课程建设与教学创新，建立师范院校附属学校或师范生实践基地，做好师范生的教育教学实践工作，强化师范生教育教学实践技能，严格师范生考核评价制度，确保只有最优秀的师范生才有资格进入教师队伍。

基于上海市"五个中心"（国际经济中心、金融中心、贸易中心、航运中心、科技创新中心）与国际文化大都市的城市发展定位，上海市教委对于教师创新意识、信息化与国际化素养的培养也十分重视。上海将进一步加强对创新型教师培养的研究，注重教师数字技能、信息素养的提升，深入开展教师国际交流与合作，提高教师中西教育优势融合的能力与水平。未来，上海市要培养一大批具有"中国心、民族魂、世界眼"，抱有坚定的新时代中国特色社会主义教育理想，遵循教育规律，年轻化、现代化的复合型教育人才。

【参考文献】

[1] 中共中央，国务院. 中共中央国务院关于全面深化新时代教师队伍建设改革的意见 [EB/OL].（2018-01-20）[2018-03-05].http：//www.moe.gov.cn/jyb_xwfb/moe_1946/fj_2018/201801/t20180131_326148.html.

[2] 霍小光，张晓松. 习近平在北京市八一学校考察时强调全面贯彻落实党的教育方针努力把我国基础教育越办越好 [N]. 中国教育报，2016-09-10.

[3] 上海市人民政府. 上海市人民政府关于印发《上海市教育改革和发展"十三五"规划》的通知 [EB/OL].（2016-08-15）[2018-03-06].http：//www.shanghai.gov.cn/nw2/

nw2314/nw2319/nw12344/u26aw49535.html.

[4] 上海市教育委员会.市教委关于印发《上海市教师队伍建设"十三五"规划》的通知 [EB/OL].（2016-10-31）[2018-03-06].http：//www.shanghai.gov.cn/nw2/nw2314/nw2319/nw12344/u26aw50205.html.

[5] 上海市教育委员会.上海市教育委员会关于印发《上海市"十三五"中小学、幼儿园、中等职业学校教师培训工作实施意见》的通知 [EB/OL].（2016-06-21）[2018-03-06].http：//www.shmbjy.org/item-detail.aspx? News ID=6374.

[6] 上海市教育委员会.上海市教育委员会关于印发《上海市基础教育改革和发展"十三五"规划》的通知 [EB/OL].（2017-08-08）[2018-03-06].http：//www.xhedu.sh.cn/cms/data/html/doc/2017-08/08/349052/.

[7] 王定华.学习陶行知教育思想做好新时期教师工作 [J].生活教育，2017（7）.

[8] 党怀兴.深入学习习近平同志的教育思想着力培养党和人民满意的好教师 [J].当代教师教育，2017（2）.

4.4　教师是立教之本、兴教之源 ①

"教师是立教之本、兴教之源"是习近平总书记在 2013 年教师节首次提出的。将教师置于教育的"本""源"之位，赋予了教师更为重要的使命和责任，突出了教师的基础核心作用，揭示了教育发展的普遍规律，对于办好新时代人民满意的教育，助力中华民族伟大复兴具有重要意义。

强化教师"本""源"定位是立足中华民族伟大复兴的战略考虑

党的十八大以来，以习近平同志为核心的党中央十分重视发挥教育对中华民族伟大复兴的决定性作用，不断强化教师在教育优先发展战略中的基础性先导性作用。2013 年 9 月 9 日，正在乌兹别克斯坦进行国事访问的习近平主席向全国广大教师致慰问信，信中明确提出"百年大计，教育为本。教师是立教之本、兴教之源，承担着让每个孩子健康成长、办好人民满意教育的重任"。之后数年，习近平总书记持续关注教师队伍建设，提出了"四有"好老师、"四个引路人""四个相统一""三传播三塑造""师德师风第一标准""破除五唯"等一系列要求，为教师队伍建设举旗定向，为立教兴教指明方向。2018 年全国教育大会上，习近平总书记更是指出"教育是国之大计、党之大计"，"建设社会主义现代化强国，对教师队伍建设提出新的更高要求，也对全党全社会尊师重教提出新的更高要求"，要"坚持把教师队伍建设作为基础工作"。教师在教育发展中的"本""源"地位被进一步强化。

尊师重教传统，中华文明古已有之；新中国成立之后特别是改革开放以来，历届党中央和政府都高度重视教师队伍建设，但将教师置于教育的"本""源"

---

① 本文原载于《中国高等教育》2019 年第 Z3 期。

位置却实属首次，在新时代正确认识和践行"教师是立教之本、兴教之源"这一论断，意义重大。

教学系统中的枢纽作用赋予了教师"立教之本、兴教之源"的特质

回溯人类文明发展，教师先于教育萌芽。长期以来，作为教育主体之一，教师居于枢纽地位，起着主导作用。

"道之所存，师之所存"，在中国历史上各类教育中，教师一直扮演着"本""源"角色。中国古代丰富的教育类型大体可以分为：培养学习者成为合格"士大夫"的"养士教育"，教会学习者谋生技艺的"庶民教育"。

在中国历史上"私学养士教育"的主要形态是"书院教育"。如果说教师是某一官学兴盛的必要条件，那么对书院教育，教师几乎就是其全部。"书院"原指收集书籍之地，最早见于9世纪。之后不久，有了私人书房之意，并常被用来指与教育有关的学习活动场所。宋以后，书院的教育地位、学术地位、政治地位日益重要，成为了中国古代教育的一支重要力量。历史上知名的书院往往是与知名知识分子（教师）的名字紧密联系在一起的：所授内容取决于创立者（教师）的学术旨趣，教学方式取决于创立者（教师）的性格禀赋，求学者的多寡取决于创立者（教师）的声望。由此可见，教师实是书院教育的"本"和"源"。

与"养士教育"相同，在中国古代的"庶民教育"中，教师也处于"本""源"的地位。所谓"私学庶民教育"就是广为人知的"师徒制教育"或"学徒制教育"，其中教师的地位和作用自不待言。尤可注意的是"官学庶民教育"也是通过师徒相授的模式得以开展的。对于这种教育模式，各代正史《职官志》均有涉及。

上文论述足可见教师在中国古代教育中的"本""源"地位。那么这种"本""源"地位形成背后的深层原因还有哪些呢？

将教育作为一个系统考察，教师就是整个系统的"枢纽"，因此可以说是系

统建立之"本",也可以说是系统发展的动力之"源"。

历史地看,教学活动几乎贯穿于人类存在的始终。随着人们对教育教学活动认识的不断加深以及技术工具运用的不断进化,教学系统中"要素"形态发生着变化:如主要教学空间从私人宅邸、宗教场所等非正式教学空间逐渐演变为学校这样的正式教学空间,继而又从实体空间延伸到了网络空间;教学内容的承载物从口头语词逐渐发展为简牍、布帛、纸张、书籍,继而又从实体资源发展为图像、音频、视频等虚拟资源、数字资源。但无论教学系统中的"要素"发生着怎样的变化,其中"识别""实施"等"基本关系"却是历时而不变,没有教学系统中各类"元素"通过"识别""实施"这些"基本关系"形成的"基本结构",教学过程将无从谈起;而从过去到今天,甚至在可预料的将来,主要承担教学系统中"识别""实施"关系的元素就是教师。虽然相较以往,今天,教师这一单一"元素"承担多种职能、实现多重关系的局面正在被分化,但分化出的"元素"事实上并未能改变教学系统中诸种"关系",且这些分化出的"元素"在整体上仍被称为"教师"。综合上述,从"系统论"的角度来看,可以认为教师就是整个教学系统的"枢纽",教师在教育体系中起着"本"与"源"的作用。

人工智能技术并没有影响教师的"本""源"地位与作用

随着以人工智能为代表的新一代信息技术迅猛发展和日益普及,教师的作用和地位遭遇了历史上从未有过的挑战。

借助信息技术,学生可以便捷、快速、高效地学习知识、解疑释惑、质证问题,千百年来教师"吐辞为经、举足为法"的权威受到巨大挑战。"水之积也不厚,则其负大舟也无力",随着学生获取知识和能力的渠道拓展、方式日益简便,也提升了对教师知识和视野的要求。过去讲,要给学生一碗水,教师要有一桶水;现在看,这个要求已经不够了,应该是要有一潭水。此外,随着信息化不断发展,知识获取方式和传授方式、教和学关系都发生了革命性变化。这也对教师队伍能力和水平提出了新的更高的要求。特别是,随着人工智能技术的发展,出现一种声音:教师会不会被人工智能取代?在笔者看来,无论从技术特征，还是从教育规律来看，这种取代都是不会发生的。从技术特征上看，目前基于图灵机模式和冯·诺依曼架构的所谓人工智能技术，实现的只是存储和计算能力的极限提升，无法具有创造能力，更无法具有人类的情感。教育是教师指导学生建构个性化知识体系和能力架构的过程，是创造的过程，是用爱塑造灵魂的过程。在类脑技术取得突破之前，机器根本无法替代教师这一具有创造性的工作。从教育规律上看，学生接受教育是人社会化的第一步，不仅学知识，更重要的是学会与人沟通和交往，学做社会人。没有教师的话，这一目标无法达成。技术替代不了老师对学生精神世界的影响，教师永远是学生成长的引路人。

目前来看，全球范围内人工智能技术与教育教学融合离触及实质还有相当距离，影响教育更无从谈起。从中长期来看，以深度学习为基础的人工智能技术对于教学过程中的识别判断和作用实施起到一定作用。识别判断建立在感知之上。通过深度学习达成感知的前提是海量的经过处理（标记）的数据。且不说目前算法尚不成熟，经过处理的数据更是十分罕得，甚至连便于处理的优质数据也相当稀缺。这就制约了通过人工智能"识别判断"的可能。

另一方面自动化的"作用实施"需要知识图谱作为"向导"。教育教学领域的"知识图谱"至少应当包括两类，一类是各学科知识的知识图谱，第二类是教学知识的知识图谱。后者构建难度远远超过前者。但当下，这两类知识图谱都还未被真正构建。因此真正意义上的自动化的"作用实施"，在短期内也就难以产生了。需要指出的是，即便具备上述基础，在深度学习算法突破先天不足的掣肘前，人工智能也只能停留在"弱人工智能"阶段，进行简单的"识别判断"和"作用实施"。对旨在培养学生指向真实世界，解决真实问题，提升批判性思维、创造性思维、问题解决能力和人际合作能力的"复杂教育"而言，这样的人工智能是无能为力的。

因此，最终支撑教学系统基本模型中"识别判断"和"作用实施"两大基本结构的基本要素还是教师。可以说，在可预见的未来，教师仍将是教学系统中的"核心要素"。当然，在新要素的支持下教师这个传统要素将发生一些变化，在笔者看来以往教师原本一人身兼的组织者、评估者、诊断者、教授者、指导者等多重身份角色在新元素的催化下将被有效分解。除命题性知识的教授者这一角色将逐步淡出外，其他角色将逐步被更加专业的单一身份教师（或精于某几项专业的教师）承担，原有主要以学科划分教师的做法将随之发生变革。这无疑对目前的教师管理、教师教育、教师发展模式都提出了挑战。

新时代的教育，教师的"本""源"地位将更加突出

党的十九大明确了"中国特色社会主义进入了新时代"这一我国发展新的历史方位；明确了"中华民族的伟大复兴"这一新时代总目标的内涵外延以及实施方略。信息化正是新时代鲜明的时代特征之一。新一代信息技术推动后工业社会的政治、经济、文化、军事不断发生革命性变革，以规模化教学、讲授式教学为主要形式的同质化、标准化人才培养模式在信息时代已窒碍难行。一方面，新时代的教育是一种"指向真实世界"的教育，其所教授与培养的知识、技能是为了"解决真实问题"的。这意味着所教授知识、技能的广度和专业度将大大提升，也意味着其教学的深度和复杂度将大大提升。另一方面，查尔斯·菲德尔等认为，未来会影响个体工作获得的两大因素是"离岸性（offshore）"与"自动化（automation）"。所谓"离岸性"，指的是任务所需技能是否可以被远程操作；在信息时代，高"离岸性"技能可以便利地被远程提供，其本地需求量将随之降低。所谓"自动化"，指的是任务所需技能是否可以被程序性地处理。显然，在信息时代那些"自动化"技能将更易被自动化设备所取代。2013年来自牛津大学的研究人员对美国702种职业进行了分析，指出在不久的将来，其中的47%将被自动化所替代。尽管经合组织（OECD）近期的研究表明，由于没有考虑到职业行为中的人际互动因素，这一数字有被夸大之嫌，但"工作"或"任务"层面事实上的被取代已然发生，即便是最保守的估计。在美国、英国和德国近期可被新型自动化取代的职业的比例仍然分别高达9%、10%和12%。通常认为自动化会影响的是所谓低技能工作，但事实上，在以人工智能技术为核心驱动的"新型自动化"时代，影响范围已从"低技能工作"波及了一些传统意义上的"高技能工作"。而在未来还会留给人类

去操作的将是交互的（它制约了离岸的可能性）、非常规的（也可以称为"分析性"的，它制约了自动化），如咨询、工程设计等职业。因此交互技能、分析技能就成为了劳动力终身适应社会发展，不为社会与技术所淘汰的关键。而批判性思维、创造性思维、任务解决能力、人际合作能力则是形成交互技能、分析技能的基础。但就目前来看，上述种种恰恰是中国学生的短板。根据 2015 年的 PISA 测试结果，中国学生在"合作性问题解决的表现"中的得分排名为倒数第五。从中国中小学的实际教学情况来看，相对于课本知识的教学，批判性思维、创造性思维、问题解决能力、人际合作能力的培养无疑也是不足的。可见，传统教学模式、教学内容在新时代已显得力不从心，对新时代新教学模式、新教学内容的探讨和追寻，将是接下来一个时期教育界、教育学界的核心关注，这也正是对全国教育大会所提出的各项任务要求在教学实践层面的回应。因此，在面对如此多元、复杂、真实的教育目标与教育情境，可预见的未来，任何单纯借助技术试图解决以上所有问题的努力无疑都是徒劳的，最终还是要把教育教学的主导权交回教师手中。

综上所述，应该可以得出这样的结论：在新时代的新教育体系中，教师的作用将会更大，不会变小；教师的地位将会更高，不会降低。不忘为中国人民谋幸福之初心，牢记中华民族伟大复兴之使命，优先发展教育，就需要深刻理解和深入践行习近平总书记在全国教育大会上提出的新时代中国教育的"九个坚持"，特别是"坚持把教师队伍建设作为基础工作"，因为"教师是立教之本、兴教之源"。

【参考文献】

[1] A. Sen. Development as Freedom [M]. New York：Alfred A.Knope，2000.

[2] 胡鞍钢，李春波 . 新世纪的新贫困：知识贫困 [J]. 中国社会科学，2001（3）.

[3] 查尔斯·菲德尔 . 四个维度的教育 [M]. 罗德红，译 . 上海：华东师范大学出版社，2017.

[4] 李弘祺 . 学以为己 [M]. 香港：香港中文大学出版社，2012.

4.5 上海教师的数字化转型 ①

数字化转型是上海教育的时代必选。在此背景下，上海教师如何找好着力点，关系到教育数字化转型的落实、教育现代化的深化，也关系到上海教师是否能够成为适应新时代发展的合格教师。

上海教育跨入数字化转型时代

2020 年底，上海发布了《关于全面推进上海城市数字化转型的意见》（以下简称《意见》），指出要坚持整体性转变，推动经济数字化、生活数字化、治理数字化全面转型；坚持全方位赋能，构建数据驱动的数字城市基本框架；坚持革命性重塑，引导全社会共建共治共享数字城市。

教育作为治理数字化的重要方面，也是生活数字化的必要领域。以《意见》为指导，上海设计了教育数字化转型总体方案，主要包括三点：（1）以数字化全方位赋能教育综合改革。当前教育面临的评价难题、创新能力培养难题、师生家长负担过重难题等，唯有依托数字化才能根本解决。（2）整体性推进教育数字化转型。不应把数字化当作工具或装饰，应当按照"建设高质量教育体系"的要求，依托数字化并基于数字化，积极开展新时代教育体系重塑。（3）推进教育教学模式的革命性重塑。数字化使得"为每个学生提供适合的教育"成为可能，数字化将革命性地改变传统教学模式。教育数字化转型是对教育理念、体系、内容的重塑，应当从上到下，整体规划，统筹实施。最小实施单位是学校，学校要整体性改变、推进。

---

① 本文原载于《上海教师》2021 年第 4 期。

教育数字化转型的主要任务

数字化转型的主要任务包括：建设智能教育应用场景、业务流程再造、数据驱动综合评价改革、全面提升师生数字素养、创新教育资源建设模式、建设教育数字基座、推进教育新基建等。基于 5G 技术开展的新型信息化基础设施，为每所学校、每个区建立通用的类似操作系统的集成平台。数字基座让所有应用数据源于一处、融于一处，独立于应用之外，在用户授权和监管下安全可靠使用。同时基于数字基座，建立教育教学新生态，支持学校里的每位教师用低代码开发轻应用，这些应用可以被运用到其他学校，防止各种应用间数据的割裂和孤岛的建立。

其中，智能教育应用场景建设强调基于以知识点为逻辑关联的各学科知识图谱，科学建立各学科知识点的逻辑网络关系，明确每个知识点的前序知识点和后序知识点。一个学科的知识图谱建好后，还可以建立跨学科的知识点逻辑关系图。这样立体的知识图谱，将变成支撑未来数字时代学校以学生为主的自主学习的一个重要基础工程。上海现正在初高中生物、数学两个学科建立知识图谱，还将建立学科间的交联，这是未来的持续性工程。工业化学习方式下，教材呈线性顺序排列，未来知识图谱下的教材呈现的是网状的排列。当学生某项能力未达成时可以逆向追踪，有效支撑自适应学习。知识图谱的建设，必须依靠一线的教育工作者共同完成。

教师数字化转型的着力点

在面向未来的坐标系中，教师要以引领数字化学习为核心，找好专业发展的着力点。其具体包括四个方面：（1）发掘学生潜质。每个学生具备不同的知识和能力水平，在适合什么时间学、适合以什么样的方式学等方面也存在个性化的不同。数据能助力教师发现学生的潜质，更好地支持学生发挥潜质。（2）激发学生兴趣。激发学生对所学知识、对学习的兴趣非常重要。除了直观地激发兴趣，还可以导向性地激发兴趣。通过 VR、AR 等方式，用数据发现学生的兴趣，有针对性地导向激发。（3）指导学生学习。任何人都不可能天生就能找到自己正确的学习方向、生活方向和前进方向，教师和教育体系能够提供指导，给出关于科学方式的建议。教师采用信息化的方式，可以帮助学生寻找最适合自己的学习方式。（4）成就学生价值。教师能指导学生在他们最有天资、最感兴趣的领域通过最科学有效的方式学习成长，学生的最后成绩会体现为其在这个社会上最有价值的一面。

如果用中国话语总结教育数字化的核心，应该有三个关键词：（1）基于数据；（2）因材施教；（3）大规模，即面向所有学生的因材施教。概括起来，就是以数据驱动的大规模的因材施教。大数据时代的未来教育，我们将从技术驱动变成育人为本，从过去碎片化的建设走向整体系统推进，从曾经脉冲式的应用走向未来的常态化应用。

站在工业时代与信息时代交汇的尖峰时刻，教育工作者到底是面向未来还是背向未来，决定着我们学生的未来！

4.6 深化中小学校长职级制改革的"上海经验"①

陶行知先生曾说："校长是一个学校的灵魂，要想评论一个学校，先要评论他的校长。"中小学校长在基础教育发展中发挥着极其重要的作用。为建设一支高素质专业化的中小学校长队伍，上海市自 1994 年起积极探索校长职级制改革，进一步确立校长专业属性，探索建立基于专业化标准的校长任用、管理和考核制度，努力构建助力教育家成长的制度环境。

一、探路：构建助力教育家成长的长效机制

1985 年，全国实行工资制度改革，企事业单位领导成员的工资待遇开始与行政级别挂钩。1986 年上海市人事局规定，中小学校套用机关行政级别，校长也定为相应的行政级别，形成了行政化的校长管理制度。1993 年《国家公务员暂行条例》颁布，为中小学校长与行政级别脱钩提供了依据。同年，《中国教育改革和发展纲要》提出"中小学逐步实行教师资格制度和职务等级制度"，为建立新的中小学校长管理制度指明了方向。1993 年，"建立中小学校长职级制"的设想在上海市教育工作会议上被提出。1994 年上海市正式启动中小学校长职级制试点工作，这一举措标志着校长职级制从理论探讨走向实践推进。上海市对于校长职级制的探索主要经历了三个阶段。

1. 试点初探（1994—1999 年）

按照"抓好试点、以点带面"的原则，上海市于 1994 年率先在原卢湾、静安两个区进行中小学校长职级制试点。1997 年，上海市成立了由市委组织部、原市人事局和社保局、市教卫党委和市教委组成的上海市推进中小学校长职级

---

① 本文原载于《中小学管理》2020 年第 2 期。

制工作领导小组，并建立上海市校长职级制研究课题组，在组织管理和科研引领两方面同步推进校长职级制工作，为在全市推行奠定基础。

2. 推广实施（2000—2010年）

2000年2月，上海市委组织部、市人事局、市教委等五家单位联合印发《关于上海市推行中小学校长职级制度的实施意见》，鼓励试点区县进行校长职级制认定的并轨工作，由各区县政策向全市统一政策转变。2000年，校长职级制的试点进一步扩大至黄浦、原南市、徐汇、原闸北、杨浦和嘉定等六个区，且原卢湾、静安两个区顺利完成了与扩大试点区校长职级制认定的并轨工作。2001年9月，上海市19个区县全面试行校长职级的认定，校长职级制的改革进入全面建设阶段。

在全面推行的基础上，上海市对校长职级制进行了较大的修改与完善。2003年中共上海市教育工作委员会、上海市教育委员会印发《关于2003年开展中小学校长职级认定工作的实施意见》，并逐步将校长职级认定范围扩大至幼儿园、教师进修院校、中职校和校外教育机构。至此，上海市基础教育校长职级制开始进入有计划、有组织、正常化、制度化的平稳发展阶段。

3. 深化完善（2011年至今）

2011年1月，国务院办公厅印发了《关于开展国家教育体制改革试点的通知》，明确提出在基础教育领域"探索中小学校长职级制，深化中小学教师职称制度改革"，上海市被确定为校长职级制改革试点市。上海市在已有的实践基础上，开始进一步深化改革试点的新一轮探索。2012年12月印发的《上海市教育委员会关于2012年开展普教系统校长职级评审认定工作的实施意见》，进一步完善了中小学校长职级设置和校长职级评定标准。

新一轮改革中，上海市以"抓好试点、平稳衔接、有序推进、不断完善"为原则，稳步推进国家教育体制改革试点；以《中小学校长专业标准（试行）》为基本依据，深化中小学校长职级制改革，形成校长队伍建设与专业发展的长效机制，进一步实践和辐射校长职级制改革成果。

二、创新：形成推进校长职级制的基本范式

经过多年的探索与实践，上海市中小学校长职级制已经形成了一些相对成熟的做法，包括明确了校长角色定位和专业标准，优化了校长职级联动管理制度，建立了校长职业生涯动力激励机制，创新了教育家型校长成长的内外部环境。

1. 机制创新

（1）建立校长可持续发展动力机制。上海市以"统筹规划、改革创新、按需施训、注重实效"为原则，按照分层分类、全员培训与提高培养相结合的方式，建立了校长任职前与履职岗位培训制度，探索骨干和优秀校长培养模式。同时，上海市持续完善中小学校长培训课程体系，注重加强培训课程资源建设，建立了校长培训机构资质认证制度。

（2）完善校长专业地位激励机制。除了加强对于中小学校长的培训，上海市还持续不断地完善一系列提升校长专业地位的激励机制。包括完善校长聘期考核制度，在有条件的区试点实施优秀校长到龄延聘制度；加强特级校长基地建设工作，充分发挥特级校长的带教作用；引导特级校长参加市、区督学工作，充分发挥特级校长智囊团作用；给予优秀校长委托管理职责，发挥名校长的示范辐射作用。

2. 标准创新

（1）制定校长专业标准。上海市以校长在不同阶段的专业发展要求作为职级依据，引领广大中小学校长向"教育家办学"的目标迈进。在参照中小学校长标准，突出上海教育国际性、高起点、超前性特征的基础上，上海市概括凝练出中小学校长的三大领导领域，即价值领导、教学领导和组织领导；提出上海的校长专业标准，包括规划学校发展、营造育人文化、领导课程教学、引领教师成长、优化内部管理、调适外部环境等六个方面。

同时，上海市优化了校长的职务等级，将校长职级与岗位等级进行衔接，设置角色适应、经验积累、专业成熟、思想引领（职业楷模）四个阶段，初级3等、中级4等、高级4等、特级，共4级11等的职级，并对每一阶段的专业标

准从专业境界、专业知识、专业能力、专业行为等四方面提出具体内涵。针对不同专业发展阶段的校长，在要求的程度上予以区别。与此同时，突出校长在不同发展阶段专业内涵的区别性特征，使针对不同发展阶段校长专业内涵的文本表述既体现共同内容在程度上的可比性，又体现不同阶段内容的差异性。建立依据专业标准的校长培训机制，市区统筹，加大对初任校长的培训，截至目前每一位初任校长都经过一定课时的培训，有近300名校长接受了历时一年的市级培训，为校长专业化发展奠定了良好的基础。

（2）规范校长选任标准。上海市还进行了一系列规范校长选任机制的制度建设，如明确中小学校长准任条件，建立中小学校长任职考试制度；建立中小学校长"人才库"，提高校长任职条件，规范选拔任用方式与程序。同时加强对校长任职后的管理，实施新任校长试用期考核，探索中小学校长任期注册机制，让中小学校长"能进能出"。

3. 组织创新

（1）建立校长选拔任用"立交桥"。为进一步畅通校长发展路径，上海市建立了教育部门与组织、人力资源和社会保障等部门的联动机制，为中小学校长建立起任用"立交桥"。组织部门与教育行政部门共同参与校长选拔任用，加强校长职级制管理，在日常管理中淡化校长行政级别，逐渐引导中小学校单位行政级别与校长分离，使校长行政级别待遇不受单位行政级别影响。以上做法破解了小学特级校长、幼儿园特级园长因单位级别不能享受正处待遇的难题，为小学、幼儿园优秀人才的发展畅通了路径。

案例1：嘉定区率先试行校长准入制度

嘉定区教育局制定《上海市嘉定区校长准入办法》，明确规定担任校长必须首先取得校长准入证书，并对参加校长准入认证的教师提出了相应的基本条件和必要条件，此举不仅从观念上把"我要做校长"提升到了"我有资格做校长"，为创建校长队伍提供了后备校长资源库，更为重要的是，把好了校长入职这第一道"门槛"，为改进和完善校长管理制度打开了突破口。

案例2：长宁区选拔新任校长的探索

长宁区在校长选拔任用方面主要采取民主推荐、组织任命的方式选任，规定新任校长必须从后备干部中产生。每两年推荐一次校级后备干部，形成后备干部储备库，并开办后备干部培训班、高级研究班进行培养。长宁区的试点为规范校长选拔任用提供了经验。

（2）实现校长职级与工资待遇挂钩。为进一步促进校长专业地位与相应待遇的同步发展，上海市着手推进了中小学校长职级制与工资待遇挂钩的系列工作，将校长职级工资规范为"基本工资＋级等工资＋能绩工资"的基本构成。其中，基本工资参照校长原有的专业技术职务或行政管理级别核定，级等工资按校长职级高低全市统一标准，能绩工资由各区根据实际制定相应的发放标准。校长职级工资中的级等工资和能绩工资纳入绩效工资管理。校长的绩效工资由区教育局依据校长职级、工作量、考核结果等因素确定，在区绩效工资总量内统筹安排，不占所在学校绩效工资总量。校长绩效工资水平高于所在区教职工绩效工资水平。级等工资纳入退休费计发基数。

4. 环境创新

（1）建立教育家人才特区。为创设教育家成长的制度环境，上海市构建了特级校长政策特区。实施校长职级制以来，上海市共认定特级校长 376 名，目前在职 200 余名。为更加充分地发挥特级校长的专业特长，延展到龄特级校长的职业生命力，上海市鼓励有条件的区根据区内实际需求和学校情况，试行特级校长延聘制度，为办学经验足、教育思想成熟、社会影响大、社会责任感强的优秀校长办理延聘手续。截至目前上海市已有 62 名特级校长延聘，到龄后继续担任校长，特级校长延聘制度为教育家办学提供了保障。

案例 3：奉贤区力促有专业追求的校长拔节成长

奉贤区为真正激发校长专业发展内生动力和办学活力，给有专业追求的校长搭建成长平台。一是制定延迟退休相关口径，鼓励已取得高级校长职级人员延迟退休，为特级校长评审做好储备。二是每年年初做好自然晋等，每年暑期开展晋级评审工作。鼓励新任校长任职满一年后申报中级校长职级，缩短了新任校长过渡期和适应期，促进了优秀人才脱颖而出，实现了"庸者让、能者上"。

（2）推进优秀人才柔性流动。上海市出台了促进义务教育阶段人才有序流动的指导意见，明确校级管理人员流动的要求；在此基础上，以"政府主导，区域统筹，分类实施，合理流动，促进优质均衡"为原则，在特级校长中开展试点流动（主要流动向郊区农村学校、薄弱学校和新建学校），并明确校长的相应职责以及考核办法等。自 2013 年实施以来，上海市共选派了三批共 53 名特级校长到郊区农村学校、新建学校以及初中强校工程学校等任职。

案例 4：嘉定区推动校长规范有序交流轮岗

2015 年嘉定区制定了《关于嘉定区校长教师交流轮岗工作的实施意见（试行）》，要求在同一学校、同一岗位任职满十年及以上的正副职领导在区内交流轮岗。取消行政级别实行职级制后，校长不必再去考虑行政身份上的上下高低问题，而是着重研究如何提升自身能力素质和办学水平，努力争取评上更高职级。2015—2017 年交流轮岗校长共计 149 人次，有效推动了校长资源均衡配置，推进教育综合改革。

三、引领：持续激发校长改革创新的动力

上海市牢牢把握促进和引领校长专业发展这一根本原则，从校长专业成长规律出发，加强校长职级制的顶层设计，构建了促进校长专业发展的序列阶梯。首先，有效淡化了校长行政级别。使校长基本摆脱了行政级别的束缚，加速了校级领导班子的优化组合，使校长流动更加可行，促进了学校的均衡发展。其次，基本确定了校长专业化地位。校长职级制明确了校长的"专业"属性，使中小学校长与政府官员、普通教师区分开来，促进了校长的自主专业发展。再次，初步建立了校长评价标准。校长职级制的评价体系，有效规范与指导了校长的办学行为，使校长评价与学校和学生发展紧密结合起来，持续激发了校长创新改革的动力，真正达到通过校长职级评审促进学校工作发展的目的。

面向新时代、新形势，为更好地引领每位校长走向卓越，促进校长向"教育家办学"的目标迈进，上海市未来将在以下几方面进一步深化推进中小学校长职级制改革工作。

其一，进一步提升校长职级制中发展性评价的技术与方法，突破科层式与服从式评价传统，尊重校长的主体地位，发挥校长在评价中的自主权与自我完

善功能。

其二，进一步加强校长职前选拔与职后培训的有机结合，特别是强化校长的学校治理能力、学校文化建设能力、学校五位一体全方面育人能力、信息素养和国际视野等方面的专项培训。

其三，进一步结合校长专业标准，引导校长明确并通过自身努力达成更高层次的专业发展目标。

其四，进一步优化校长职级阶梯成长环境，如创设公平的竞争环境、专业化的领导能力提升环境、基于信任发展的协作同盟环境以及基于互通共联的成果辐射环境等。

4.7 从规范到赋能：上海市基础教育教师培训 30 年[①]

教师是立教之本、兴教之源。[1] 上海教师培训根据上海基础教育"先一步、高一层"的整体改革发展追求，聚焦教育教学需求和教师能力提升，为上海市整体教育质量的高水平发展提供了有力保障。1991 年到 2020 年，从"八五"到"十三五"，30 年来，上海的基础教育教师培训取得了令人瞩目的成就，回顾和审视这 30 年的发展历程，无疑对今后的教师培训工作具有重要的指导意义。

在这 30 年间，上海的基础教育教师培训经历了从规模发展（制度化、多元化）转向内涵发展（结构化、精准化）的历程。"八五""九五"期间以教师学历补偿教育为主，并且开始从宏观层面设计教师培训制度，以"240""540"培训为标志，"教师需要不断学习"的理念逐步深入人心。"十五"至"十一五"的 10 年，上海教师培训开始进入后学历时代，培训重心转移到教师本体知识和专业能力的提升上，从有到优，围绕培训的有效性探索了多种模式与做法，教师培训的结构化层级初显端倪。"十二五"和"十三五"期间，上海的教师队伍建设聚焦三个"转变"：从注重育分转变为注重育人，从注重教师如何教好转变为如何使学生学好，从注重教师单一的站稳课堂转变为注重以基于提高教师课堂实践能力为主的专业境界、专业能力和专业知识。通过努力，上海基本形成了较为完备的教师培训体系。新时期，上海教师队伍建设围绕上海教育综合改革，创新教师管理体制机制，以师德和专业能力建设为重点，全面加强教师队伍建设，为上海教育事业改革发展提供了有力支撑。

---

① 本文原载于《上海教师》2021 年第 1 期，作者为：李永智、杨洁。

一、"八五""九五"教师培训逐步走上规范化、制度化轨道 （1991—2000 年）

1985 年《中共中央关于教育体制改革的决定》颁布，第一次明确提出在全国有计划有步骤地普及九年义务教育的任务。1985 年 8 月，上海市第八届人民代表大会第四次会议通过《上海市普及义务教育条例实施细则》（1986 年 8 月 29 日由上海市人民政府发布）。在这样的背景下，上海市教育界围绕教育本质、教育目的、教育功能等主题，开展了全市范围的教育思想大讨论，确立了"先一步、高一层"的教育发展战略思想。

1985 年底，原上海市教育局根据上海教育事业发展"先一步、高一层"的战略思想，结合中小学教师学历达标率不断提高的情况，对已经具有合格学历的中学教师进行大学后继续教育试点，使得中小学教师的职后培训工作向"既有学历教育，又有继续教育"的"双轨制"方向发展。经过四年反复酝酿修改的《上海市中小学教师进修规定》（以下简称《规定》），于 1989 年 12 月以上海市人民政府 21 号令的形式正式签发。这是中华人民共和国成立以来，我国第一部以地方行政法规形式颁布的有关教师培训进修的文件，标志着上海市中小学教师在职培训制度的建立已经得到了相关政策法规的支持与保障。《规定》中有几点特别值得关注：明确规定了中小学教师进修分为教师职务培训、新教师培训、合格学历或文化专业知识合格证书的培训、第二学历或高一层次学历的文化专业知识培训四类；明确规定教师进修时间每五年累计应不少于 240 学时，其中，具有中学高级职称的教师，每五年应有 540 学时的进修时间。《规定》奠定了上海市中小学教师继续教育规范化、法制化发展的基础，教师继续教育全面推开。

（一）步入规范化、制度化建设的轨道

"八五"期间，上海市教委为了适应中小学教师继续教育在全市范围内全面推开的形势，根据《规定》有关内容，着手进行了一次全市性、两次区域性的教育调研活动，并在此基础上，制定了开展中小学教师继续教育、加强中小学教师职务培训教务管理、加强教师进修院校继续教育工作等一系列关于中小学

教师继续教育的文件,[2] "依规依法施训"的理念贯穿培训的各个环节。如在第一轮教师培训中有 11.94 万人按相关规定完成了受训任务,完成率达 99.4%;尚未完成相应进修任务的 661 人被取消了晋升资格或职务续聘受到影响。这在全国引起了强烈反响,使上海市中小学教师的继续教育工作备受瞩目。[3] 它表明上海市中小学教师继续教育已经被纳入规范化、制度化的轨道,教师职后培训工作已经进入了"有规可循、有法可依"的依规培训、依法行政的新阶段。

(二)启动高一层次学历教育提升计划

依据上海市人民政府关于上海市中小学(幼儿园)师资队伍建设"先一步、高一层"的要求("八五"期间高一层次学历:小学专科、初中本科学历达到80%),原上海市教育局组织华东师范大学、上海师范大学等高校,1994 年开始启动了"电视教育、业余面授、自学考试"相结合的形式提升中小幼教师学历计划(简称"三结合培训")。"三结合培训"学制为三年,专科招生至 2000 年结束,开设 11 个专业,共注册学员 39878 人;本科开设 20 个专业,共注册学员21038 人。截至 2007 年 12 月底,大学专科毕业 33369 人,毕业率为 83.68%;大学本科毕业 16834 人,毕业率为 80.02%,毕业学员获得上海市成人高等师范学历培训自学考试相关毕业证书。未毕业学员发放"三结合培训"考核课程成绩单,至 2008 年 6 月,下发未毕业学员已考核课程的成绩单,专科共 3555 份,本科共 1780 份。该项工作于 1994 年开始,至 2007 年结束,为上海中小幼教师专业发展和学历提升发挥了积极作用。

(三)形成全员培训的局面

1997 年,基础教育全面实施《上海市中小学、幼儿园教师培训工作"九五"计划和 2010 年规划》,上海市中小学教师职后培训进入了全面深入的大发展时期。根据上海市中小学教师队伍的现实基础与实际需求,与时俱进地调整教师职后培训的管理办法、培训方法、培训内容等,在培训工作实践中全面落实"九五"提出的"全面开放,按需施教,分级负责,科学管理,讲求实效"的工作方针,中小学教师职后培训工作中"依规依法施训"的观念较之"八五"进一步增强,而且形成了全员培训的体系。全市中小学教师分别接受了教师职务培训、新教师培训、中青年教师骨干教师培养、高一层次学历培训、干部培训,以及特殊教育教师资格证书培训和心理健康教育专职教师持证上岗培训等。全员培训使广大中小学教师的业务素质和思想政治素质有了较为明显的提高。

经过 10 年的快速发展，建立了中小学幼儿园干部、教师培训规范制度，形成了全员性的干部、教师培训体系，架构了从市、区教师培训机构到学校（幼儿园）的三级培训网络，"教师需要不断学习"的理念逐步深入人心。

二、"十五""十一五"教师培训进入多元化发展阶段（2001—2010 年）

进入 21 世纪，我国进入了一个平稳而又高速发展的时期。2001 年国务院发布《关于基础教育改革与发展的决定》，首次在国家层面使用"教师教育"概念。2004 年《教育部关于加快推进全国教师教育网络联盟计划，组织实施新一轮中小学教师全员培训的意见》的出台，为构建中小学教师继续教育体系和制度框架奠定了坚实基础。在此背景下，上海市基础教育教师培训也进入了深入、创新、多元发展的 10 年。

"十五"时期，上海市教师培训是在全面推进素质教育、实施新一轮课程教材改革大背景下进行的。这一阶段的主要特征是：从宏观层面看，我国已从国家战略的高度关注教师培训，把教师专业发展与全面实施素质教育关联在一起，同时将教师继续教育与构建终身学习体系紧密地联系起来；从微观角度看，教师在职培训的内容更加关注教师基于新一轮课程教材改革的专业化发展，关注探索教师培训的多元模式。进入"十一五"时期，上海市创新师资队伍建设机制，坚持把"教师发展为本，教师有效学习为中心"作为新时期教师培训改革、教师队伍建设的基本理念，培训重心转移到教师本体知识和专业能力的提升上。[4] 从有到优，围绕培训的有效性探索了多种模式与做法，其基本标志是多元化的教师培训模式开拓、培训制度的开创和实践，初步形成教师培训体系结构框架。

（一）全员培训提升全体教师的师德水平和实施素质教育的能力

2006 年组织全市教师和教育管理人员围绕"新理念、新课程、新技术和师德教育"的内容要求进行全员培训。全市共有 12.5 万余名中小幼教师和教辅人员参加培训,观摩课改专题讲座的完成率达到 99.5%,课堂教学展示课观摩完成率达到 97.6%,在线测试、教学设计和课堂教学点评的完成率分别达到99.4%、98.8% 和 98.9%。通过本次全员培训,全体教师进一步理解和掌握了课改的理念和实施策略,对课程资源的开发、教学方式、评价方式有了更准确的把握,为全面推进"二期课改"打下较为坚实的理论和方法基础。

(二)建立暑期校长千人大培训制度

为提高校长办学能力,深入推进教育改革,2002 年起,上海市确定每年暑期举行全市中小学校(园)长暑期专题培训。培训围绕当年的教育改革中心工作确定主题,结合实际,突出重点。在培训形式上,集中与分片相结合、现场报告与网络视频相结合、座谈讨论与上网发帖相结合。校(园)长暑期专题培训已经成为上海教育的一大特色,对转变校(园)长的办学思想、规范办学途径、促进其专业化发展起了很好的推动与促进作用。

(三)名校长名师培养工程注重出人才、出经验、出成果

上海市教委于 2004 年出台《关于"上海市普教系统名校长名师培养工程"的实施意见》,2005 年又推出《上海市普教系统名校长名师培养工程实施方案》。在此基础上正式启动"上海市普教系统名校长名师培养工程"(以下简称"双名工程")。为改变以往课堂培训的单一模式,"双名工程"采取基地和高级研修班相结合的培训模式。由多年从事教学与学校管理工作并且在本市有相当影响力的专家担任基地主持人,由基地主持人组建培训团队,在团队构建中,撤除地域、单位藩篱,优化组合。学员的招收,采取基地与学员双向选择的方式。培训内容侧重于解决学员在教育中遇到的实际问题,求实避虚,强调理论与实践、交流与分享相结合。通过培养基地、高级研修、课题研究、高峰论坛、教学展示、文库出版等方式,为名校长、名教师培养对象创设专业成长的环境和氛围,为他们搭建展示和交流的平台。

(四)加大城乡一体化新农村建设,对郊区教师开展专业水平提升培训

为了贯彻中共中央关于"新农村建设"的战略举措,落实《上海市教育委员会关于推进新郊区新农村教育改革和发展的若干意见》,上海市从 2008 年起启动"新农村教师专业发展项目"，开展学段学科全覆盖的培训，采取政府购买服务形式，由相关高校为农村学校教师量身定制开发课程，全面提升农村教师专业水平。2008年至2010年，已开发涉及25个学科的295门文本课程和291门网络课程，培训了886名各学科的培训者，23455名中级职称以下的教师参加了面授培训，4062名教师参加了远程培训。同时，针对不同教龄的骨干教师开展专项培训，对农村职初教师、5年期青年教师和10年期成熟型教师，分别制订不同的培养计划，惠及1108名骨干教师。针对不同需求的教师开展专题培训，从2007年10月至2008年4月，对10个郊区县448所农村中小学的3万名教师开展教育技术能力（中级）培训；2007年，从崇明、奉贤、金山、原南汇、松江、青浦六个郊区县中推荐200名班主任参加中小学班主任远程培训项目；2002年起实施远郊区县英语教师暑期强化培训项目，共有953名小学英语教师参加了培训。

（五）启动教师专业发展学校建设

2009年，基于一部分学校的教师专业成长比较突出，形成了比较成熟的校本培训经验，且具备了一定的对外示范、辐射能力，上海市启动了教师专业发展学校建设，突显两个功能：首先"肩负多重任务"，促进教师、学生、学校三方的共同发展；其次通过学校的教师专业发展活动示范、经验提炼，寻找有效、实用的途径与方法，帮助教师克服专业发展的瓶颈，得到更符合其发展需求的个性化专业发展指导。在实际运作中，市区两级教育行政部门每年投入专项资金，同时给予专业发展学校以编制和职称评定等方面的政策倾斜，确保其正常运转。全市共有116所市级教师专业发展学校，均匀分布在17个区（县），为上海市学校层面在教育教学实践中促进教师专业发展发挥了巨大作用。

（六）利用国际优质教育资源，引进国外教师培训项目

上海市在不断探索教师培训模式的同时，放眼世界，关注国际教师培训的动态与发展，积极引进优秀教师的培训项目，如英特尔未来教育项目、上海英语教师提高项目（SETIP）、美国加州影子校长项目、影子教师项目。这些项目的实施不仅为上海市培训了一定数量的校长、教师，更重要的是对教师培训的理念、内容、方法、手段和管理产生了很大的影响，对中小学的教育教学管理和

课堂教学改革产生了重大的影响。

（七）构建全市教师培训资源联盟

为充分调动各类教师培训机构的积极性、主动性和创新性，使其高质量、高效率地开展教师培训，"十一五"期间，上海市对全市教师培训资源在培训机构、课程建设、专家队伍、信息平台等方面进行整合，为全市教师的学历培训和非学历培训提供强有力的支持。联盟的构建，不仅盘活了各类优质资源，同时也为培训模式的创新打下了基础。如师范大学聘请具有丰富实践经验的中小学校长、教师担任特聘教授，参与师范生的培养，把一线的生动案例与热点思考带进大学课堂。同时，高校深度介入各类中小学校长、教师培训，使得中小学教师培训更加丰富精彩。随着各类培训项目的深入开展，资源联盟已日益显现出其独特的生命力，资源共享这一重要理念，也越来越体现在培训工作的各个方面。

第二个 10 年，围绕《上海市基础教育教师队伍建设"十一五"规划纲要》，上海市基础教育教师培训整合全市各类教师教育资源，统筹规划，以需求为导向，创新教师在职教育服务体系，名校长名师培养工程为造就未来上海基础教育领军团队打下扎实基础，农村教师培训有力促进城乡教育均衡发展，全面关注各类教师培训取得新的进展，教师专业发展学校、校本研修成了教师在实践中提高水平的有效途径。[5]

三、"十二五""十三五"教师培训转向内涵建设（2011—2020 年）

2010 年，《国家中长期教育改革和发展规划纲要（2010—2020 年）》明确提出：把促进公平作为国家基本教育政策。在基础教育追求公平与质量的背景下，上海教师培训政策再次聚焦提升教师队伍的整体质量，教师培训进入内涵发展阶段，呈现三大特征：第一，以满足教师专业发展需求为导向、提升教师专业发展水平为特征，市级规划指导、区县统筹落实、学校主体实施，面向全社会开放的教师培训体系正在逐渐走向精细化；第二，依托高校、科研机构、区县教师进修院校等组成的教师教育资源联盟，构建以"学分银行"为抓手的上海市教师继续教育管理平台。平台上聚集了各种优质培训资源，中小学教师可以通过平台选课、修学分；[6] 第三，教师培养方式根据教师发展理论不断丰富。见习教师规范化培训、中青年骨干教师团队发展计划、基础教育领军人才培养、"讲台上的名师"等，都注重学习者在成事中成人，又在成人中成就更大的事业，在培养内容、途径上更加创新与丰富。这一时期，加强交流展示平台建设、标准建设，注重教育成果固化、增强辐射引领作用。[7]

（一）以"学分银行"为抓手的市级共享课程管理体系

"十二五"期间，上海市教委人事处联合多方专家，以"课程来源多渠道、课程资源优质化、课程学习多途径"为主旨，成立课题研究小组，落实优质课程资源的共建共享。2011年秋季，一个具有选课、学分查询、学习记录、线上学习等功能的培训平台，即"上海市教师教育管理平台"初具规模，一个共建共享的教师教育课程管理机制开始试运行。2012年春季，教师教育管理平台中的市级共享课程开始推向全市。2012年秋季，各项管理制度、措施趋向成熟，培训成效初见端倪。市级层面的教师教育资源库与教师选修的学分互认，统一管理，对建立现代教师学习体系，提高教师专业化水平和实施新一轮教师培训，意义重大。目前，市级共享平台上已有177887名教师报名注册，做到了全市中小学、幼儿园教师全覆盖，教师培训的市级共享课程1460门，全体教师参加市级共享课程培训达54.9万人次，成为优质课程资源的聚集地、教师队伍建设的线上载体、教师培训的"立交桥"。

（二）搭建精准靶向发力式的成长平台

搭建职初期、成长期、成熟期、高端期教师的培训平台，为不同发展阶段的教师寻找契合的成长路径。项目成果形成的上海经验，获得国家级基础教育教学成果奖二等奖1项，上海市基础教育教学成果奖特等奖1项、一等奖3项。

一是深化见习教师规范化培训制度。开发匹配新教师专业发展的系列课程与教材，已有13门市级通识课程，聚焦见习教师在教育教学中遇到的实践问题，出版的"新教师培训入门宝典"系列丛书现已成为见习教师深度学习的工具包。参训的3.5万多名教师中有近万人成长为校级、区级骨干教师，每年新评区级教坛新秀 1000 余名。

二是探索研究见习教师的后续发展机制。基于 2—5 年教龄教师成长规律，有针对性地出台了一系列促进见习教师后续发展的培训举措。采用市区校联动方式，开展了 16 项区域、85 项校本和 112 项青年教师的实践研究项目。

三是实施中青年骨干教师团队发展计划。形成由一人领衔，若干跨区、跨校成员组成的研究实践团队，共有 196 名教师参与并圆满完成各项任务，培育了一批教师发展优秀团队。

四是开展"讲台上的名师"展示活动。发挥名师在教师队伍中的示范辐射作用，举办了 9 场专题展示活动，为优秀教师搭建课堂教学系列展示和学科教学研讨的开放平台，推动学科教学专家成长。

五是创新"名校长名师培养工程"。将人才高峰建设和梯队培养储备相结合，分别设置了培养海派教育家型领军人才的"高峰计划"（37 个基地）、建设市级教育教学团队的"攻关计划"（109 个基地）和培育优秀青年骨干教师的"种子计划"（579 个基地），打造高端教师群体。

（三）创新"教、研、修"一体化的研学模式

一是打造共同育师新模式。在加快建设新时代教师队伍新征程上，教师学科素养也被提到了一个新的高度。上海市教委携手科协的科学家和高校的重点学科，建立培训基地和研修项目，将学科的新知识、新思维、新观点和新方法及时传递到教师的学科知识体系中，促进教师更新学科知识结构和增强综合素养，推动面向教育现代化的能力建设。目前已经建立 10 个高校大中小学教师学科研修基地，开展了生物、化学、物理三个研修项目，惠及 800 余名教师。

二是建立教研与培训协同机制。教研、培训的有机融合，切实提高了教师培训在教育教学和教师专业发展中的实效性，让教师的深度学习得以发生。市、区、学校逐步构建起了在教研中发现问题、探索问题解决规律，转换成教师培训课程，并予以推广的研修模式。这一机制的形成，使上海基础教育教师更加走向理性与成熟。目前市级开发了 180 门指向教材教法现实问题的网络研修课程，教师在课程开发过程中，加深对学科的理解，深化对教材教法知识的研究，构建教师教学专业素养结构。

三是形成需求导向的培训方式。在推进一体化研学模式中，其一是把课题研究与教师培训整合起来，通过课题研究，引领教师培训，在研究中探索教师培训策略；其二是把培训内容开发与不同类型教师的培养结合起来，形成特色课程；其三是通过特色培训项目的推进，探索满足不同层次教师发展需求的研训项目；其四是把案例研究、行动研究等整合到教师培训中，引导教师在任务驱动中学习。

四是赋能以校为本的教师成长空间。"十三五"期间的校本研修更加务实有力，首先是建立了基于"问题启动、专题驱动、专业推动、合作互动"的校本研修机制，开展分层次、主题化、系列化和课程化的研修实践，提高校本研修的针对性和实效性；其次是加大市级、区级教师专业发展学校校本研修学分占比，要求为校本研修力量弱的学校提供课程与培训者，在一定程度上改善了薄弱学校校本研修平庸化的现象。目前，215所市级和442所区级教师专业发展学校均匀分布在全市各个区和各学段，成为各区促进学校教师成长的极其重要的孵化器和助推器。

（四）构建开放的教师交往交流机制，拓展教师国际视野

上海市组织基础教育教师赴芬兰、英国等培训，普教系统教师国（境）外访学进修，增加了上海教师的国际教育交流与合作机会。同时充分利用上海家门口的国际化教育资源，实施上海校长、教师赴外籍人员子女学校开展伙伴研修项目，率先在上海本地学校和国际学校之间搭建了合作交流的平台，让上海教师不出国门，学习国外先进的教学理念与管理经验。"十三五"期间，组织137名教师参加国（境）外研修，有64所中方学校（含2所市属学校）、13所上海的外籍人员子女学校参加外籍人员子女学校伙伴结对，惠及194名教师。同时，教师培训首次实现了"经验输出"，启动中英数学教师交流项目，通过数学教育理论研讨、浸入式教学交流、课堂模拟教学、实地考察和经验分享等方式，上海对英国教师进行培训，五年来超两万名英国教师与上海教师互动，"上海方法"从英国小学走进中学，这也是我国基础教育"追兵向标兵"迈进的成就之一，在国际上发出了"中国声音"，传播了上海教育和上海教师培训的经验。

在 TALIS 2018 年调查中，上海教师在专业发展方面，多项指标拿下"最

高"，上海教师过去一年的专业发展活动参与率达到 99.3%，比例较高；上海教师参与的专业发展活动类型（共分 10 种）最多，达到 6.4 种，OECD 均值仅为 3.9 种；有 87.5% 的上海教师认同专业发展活动的积极作用。

（五）推进教师培训规范化建设，注重标准的引领作用

研制上海市"十三五"中小学、幼儿园、中等职业学校教师培训课程建设方案、课程开发指南与教师培训精品课程标准，指导各级各类主体的课程开发建设。完善培训学分管理办法，探索教师培训选学制度，优化培训学分审核认定机制，建立培训学分转换与应用机制。制定教师培训机构资质认定办法、社会第三方教师培训资源和课程的准入资质条件。[8]

第三个十年，上海市基础教育教师培养培训工作重构顶层培训体系，进一步体现分层、分级、分类的结构化思想，旨在从根本上改进教师培训针对性不强的问题；按照教师职业生涯发展规律，全面实施各项教师专业发展计划，助力处在各个发展阶段的教师精准化成长；创新学习方式，构建"教、研、修"一体化的研学机制，引导教师改变接受者身份，逐步成为与自身实际经验结合的课程建构者，让教师学习时时、处处、随手、随地发生。

30 年砥砺奋进的历程，锻造出上海专业化、高素养的基础教育教师队伍。总结上海市基础教育教师培训工作，有以下四条经验。

第一，超越教育空间，抓紧经济与社会发展的机遇，不断开创新局面、建立新秩序。教师培训是为教育提供人力资源的重要保障，随着时代发展对教师要求的变化，教师培训要提供与之相一致的内容。从学历提升到知识增长再到专业能力和素养的提升，上海教师培训一直紧跟国家教育改革的步伐，整体规划，全面提升，确保教师队伍的高素质、教育质量的高水平。而且，教师培训不能局限在基础教育内部，要将教育的需求与新资源、新技术、新理念充分融合，在政策和机制上不断突破，形成开放创新的教师培训新格局。

第二，形成多方合力，市级统筹优质资源顶层设计、区校突显特色发展。教师培训不能关起门来靠培训机构完成，必须激发教师活力，调动学校、社会各方的积极性。市级层面构建了覆盖教师整个职业发展阶段的教师培训项目，形成了教师人才梯队的连续性培养模式，[9] 并带动了区域和学校的配套跟进项目，形成了市、区、校的有效联动，让每一名教师从入职开始的每个阶段都能接受有针对性的培训，职业发展有保障。上海的教师培训还帮助和支持教师通过合作，建构专业的共同知识、共同话语系统，形成学习型实践共同体，鼓励教师在培训过程中与同伴运用不同的"工具"和方法，共同实现新经验、新实践的"知识创造"。

第三，发掘主体潜力，使教师成为专业学习的主动体验者、专业发展的自觉建构者。上海教师培训模式丰富，针对不同发展阶段教师的特征，提供有针对性的专业发展项目。如见习教师以浸入式培训为主，高端教师以基地培养为主，让出色的人带领一批优秀的人攻克教育教学的重难点问题，促进了学科建设和人才发展。这种培训体系强调构建多元、分层、弹性的课程体系和发展平台，这种分层分类意味着精准助力的发生，以不同类型教师专业发展需求为目标，以不同发展阶段教师的学习特征为依据，满足教师个性化的发展需求，激发教师主动参与、深度体验、自主改进的意愿。

第四，走向世界前沿，引进先进理念，学习国际经验，利用国际资源、输出上海经验。海纳百川、追求卓越是上海的城市精神，共赢共荣是上海城市精神的魅力所在。上海基础教育发展和教师队伍的培养培训放眼世界，主动学习、比较、借鉴国际教师专业发展动态和优质实践成果。上海教师培训不仅实现了"请进来""走出去"，学会在国际坐标中寻求教师培训工作的突破点和前瞻点，还在互学互鉴的基础上实现了经验"输出"，在世界舞台上讲述上海教师故事，发出上海教师声音，传播上海教育和上海教师培训的经验。经过几年发展，上海教师已经参与到英国数学教育的实践中，获得了广泛的肯定。

人民城市人民建，人民城市为人民。站在新的历史起点，面对新的形势、新的机遇，上海将不断梳理、总结和提炼教师专业发展的理论与实践，提高教师培养和培训的理论研究水平和国际比较水平，研究推进教师培训教学实践活动，促进教师教学风格的形成和创新。

回望来时路，更能坚守初心。"十四五"的教师培训工作，在"强师优师工程""人才攀升计划"大背景中传承和创新，着力解决培训内容如何满足不同层次教师的发展需求、培训模式如何适应教师在职学习的特点、培训资源如何有效整合发挥溢出效应、培训者队伍如何提升专业化水平等问题，提高教师培训实效，推动每一名教师成为专业知识的学习者、学生发展的引领者、家校有效沟通的合作者、课堂教学深度变革的践行者。

【参考文献】

[1] 李永智.教师是立教之本、兴教之源 [J].中国高等教育，2019（Z3）.

[2] 张民生.中小学教师继续教育的探索与实践 [J].中小学教师培训，1991（Z1）.

[3] 武海燕.改革开放以后上海市中小学教师职后培训研究（1978-2000）[D].上海：华东师范大学，2004.

[4] 上海市教育委员会.上海市基础教育教师队伍建设"十一五"规划纲要（沪教委人〔2007〕78 号）[Z].2007.

[5] 上海市教育委员会.上海市基础教育教师队伍建设"十二五"行动计划（沪教委人〔2011〕96 号）[Z].2011.

[6] 上海市教育委员会.上海市"十二五"中小学、幼儿园教师培训工作实施意见（试行）（沪教委人〔2011〕35 号）[Z].2011.

[7] 上海市教育委员会.上海市教师队伍建设"十三五"规划（沪教委人〔2016〕92 号）[Z].2016.

[8] 上海市教育委员会.上海市"十三五"中小学、幼儿园、中等职业学校教师培训工作实施意见（沪教委人〔2016〕41 号）[Z].2016.

[9] 李永智.锻造强国良师：擘画新时代教师队伍建设的"上海蓝图"[J].中小学管理，2018（5）.

4.8　卓越教师的育人智慧①

教育是育人的事业，教师是人类灵魂的工程师。正是洞见了教育对人的精神塑造的重要性，雅斯贝尔斯才说："教育是人的灵魂的教育，而非理智知识和认识的堆砌。"从古至今，真正的教育是一种智慧点燃另一种智慧。这个过程中，作为教师，需要爱，需要智慧，需要时间，宛如静待花开。

随着信息技术日新月异的发展，教育已经进入新时代。以高速互联、大数据分析、人工智能、虚拟现实为代表的新兴科技不断涌现，世界各国都在思考如何以一种革命性的教育变革面对机遇与挑战，引领人类文明的新发展。但是，在知识迅速迭代、技术不断更新的当代社会，教育的"育人"本质反而常常被遮蔽。过度追求新技术、过度追求新设备、过度追求新概念带来教育信息化发展的异化，偏离了教育的育人初心。其实，无论技术如何发展，教师始终是育人智慧不可替代的源泉。

极化发展的工业社会学校教育的理念和技术，越来越专注于"教学"或"学习"，越来越把"知识堆砌"而不是"点燃智慧"放在教育的首要位置上。随着教育的专业化、制度化和模式化，教师专业发展的范式也逐渐"功利化"，强调狭义的教学技能的提高，强调立竿见影的测试成绩，忽视教师发展的生命性与整休性，忽视爱与智慧在教育过程中的核心作用。因此，我们不妨从理论视角转换为实践视角，从现实中卓越教师的发展路径中，挖掘"育人"本质在教师发展中的重要价值。

改革开放40多年来，上海一直屹立在我国教育改革的潮头，既是教育改革的先行者，又在改革中稳健发展，取得了举世瞩目的成绩。数项大规模国际教育测评结果都表明，上海学生的综合素质居世界前列，同时具有较高的创新

---

① 本文为《静待花开——百位特级谈育人智慧》书序，原载于《中国教育报》，2020年9月23日。

性。这份成绩的背后，折射出一代代上海教师的实践与思考，凝结着一代代上海教师的教育智慧。教师队伍中，特级教师作为"师德的表率、育人的模范、教学的专家"，起到了示范引领作用，堪称卓越教师的杰出代表。回顾他们的育人智慧，不仅能理解"育人"的丰富性与发展性，而且还能进一步厘清教师专业发展的内涵。

卓越教师的育人智慧何在？

首先，卓越教师始终将"人"的全面发展作为教育的旨归。教师除了要"教书"，给学生传授知识外，更重要的是通过自身的言传身教培育学生良好的品德，促进学生身心健康发展，给予学生呵护与关爱，感受学生的喜怒哀乐等情感体验。正如康德所言，"人只有通过人，通过同样是受过教育的人，才能被教育"。无论是立足讲台的学科育人，还是课堂之外的诗与远方，卓越教师始终将德性教化促进学生的心灵转向作为教学的内在价值。

其次，卓越教师一直重视教育的社会性。人的发展离不开生活世界中的交往，孩子不仅仅是"学生"，还生活在多样的、丰富的世界中。卓越教师经常以一种更开放的视野关注孩子的家庭、社区与文化，与这些学校教育的天然同盟者一起携手共进，投身于动态的复杂的社会系统中。在各种资源的整合中，孩子才能实现社会性的发展。

再次，卓越教师还注重用爱滋养孩子的心灵。他们将爱深刻地融入学校发展的诸要素之中，发展出一种体验性、浸润式的熏染和生活方式，每一所学校都是爱的存在，每一项活动都是爱的展开。从班级文化到学校文化，从制度文化到精神文化，卓越教师不仅能够从现有的文化出发，还能建构新的学校文化，强调学校文化的引领作用，让观点能够和谐，思想达成共识。

育人实践同样成就了卓越教师

人们对教师发展存在一种简单化的理解，将发展单纯围绕教师作为专业的教育职业人员而展开，在很大程度上将教师发展等同于教学知识的扩展及教学技能的优化。然而，教师的发展更应强调个人的整体性提升，尤其是教师的智慧生成、能力提高及身心和谐发展的过程，强调教师作为职业人、社会人、现代人的多重发展与需要的满足。教师个人的整体性提升必然又会滋养教育实践，唤醒教师的发展自觉。

教师在育人实践中，教育能力得到了提升。教育能力是实践取向的，依赖于具体情境的教育现场，其发展与提升也是隐性的。"育人"为教师发展打开了真实的场景，为锻炼教师教育能力建构了平台。如何与孩子和家长沟通？如何组织实践活动？卓越教师在本书中，为我们提供了丰富的实践经验。

教师在育人实践中，教育理念得到了更新。育人实践涉及教育的众多领域，如教学、实践、管理等，必然会对教师的教学理念、实践理念、班级及学校管理理念产生影响。在持续的育人过程中，教师会思考其教育价值，判断其教育成果，逐渐厘清"什么是好的教育形态"，这一过程必定会引发教师教育理念的提升与转变。

教师在育人实践中，教育情意得到了升华。教师的专业情意是教师对教育事业的情感态度与价值观的融合，是教师职业道德的集中体现，也是教师专业持续发展的根本动力。育人实践的成功，会给教师带来极大的专业成就感，满足教师"自我实现"的心理需要。职业成就感与幸福感也会激励教师更多地投入育人实践中，从而实现一种持续上升的良性循环。

近几年来，我们对上海市卓越教师群体的代表——上海市特级教师特级校长的教育智慧进行了多方面的总结和梳理，先后出版了《师道匠心》和《修炼》两本图书，分别阐述教师发展中的"学科教学"与"教师专业发展"维度的实践与思考。这两本图书受到了教师，尤其是青年教师的欢迎。《静待花开——百位特级谈育人智慧》在系列图书中增加了"育人"这一维度。不管是处于职业初期的新手教师，还是处于发展期的成熟教师，在本书中，都能找到教育问题的相同点、教育情境的相似点，在这些引人入胜而又发人深省的育人故事中，获得前行的动力。

4.9　青年教师担负着上海教育的未来 ①

百年大计，教育为本；教育大计，教师为本。进入 21 世纪以来，随着城市化进程的加快，上海市基础教育新教师数量急剧增加，来源日益多样。综合性人才的大量涌入为上海教育注入了更多活力，也带来了新的挑战——这些非师范学校毕业生虽然也很优秀，但毕竟没有学习过教育学、心理学课程，也没有课堂实习的经验。为了化挑战为机遇，在短时间内帮助新入职教师站稳讲台，同时，聚焦上海未来教师队伍的整体水平提高与基础教育优质均衡发展目标的实现，一场关于新教师培训的创新由此拉开序幕。

2011 年起，上海逐步建立并实践了覆盖全市中小学（幼儿园）全学段、全学科的新教师入职教育制度——"中小学（幼儿园）见习教师规范化培训"制度，要求中小学首次任教的人员在职业生涯的第一年必须接受规范培训、团队带教、基地校浸润。

十年来，"上海市中小学（幼儿园）见习教师规范化培训"稳扎稳打，探索前行，创立了一个包括培养标准、培训内容、课程资源、形式方法与评价策略在内的培养体系，构筑了市、区、校、指导教师、见习教师等多主体参与的规范化培训生态圈，有效衔接了教师职前教育与职后教育，调动了教师主体性成长的积极性。该制度为建设高素质专业化创新型教师队伍创造了重要条件，也是我国教师教育领域一次创新性的探索。

截至 2021 年 6 月，上海已经对五万余名新入职教师进行了规范化培训，源源不断地为上海教师队伍输送了高质量的新鲜血液。2012 年以来参训教师中有过万人成长为校级、区级骨干教师，每年新评区级教坛新秀一千余名。

十年之间，五万余名上海的新入职教师成为见习教师规范化培训项目的亲

---

① 本文为《风华正茂时——百名优秀青年教师成长案例》书序。

历者、见证者，他们的专业成长是见习教师规范化培训最好的"成果"。

本书邀请了 109 位在 2011 年至 2020 年间参加见习教师规范化培训的优秀青年教师，将自己的专业成长与收获付诸笔端。他们之中，有的已经从基层教师成长为某个区的教研员，有的从见习教师成长为能够带教他人的指导教师，有的一直扎根在课堂中看着一届届的学生毕业离去，有的刚刚结束了入职第一年的见习教师规范化培训才站稳讲台……但是无论他们走多远、走多久，他们身上总有抹不去的见习教师规范化培训的痕迹，当他们回首成长历程时，总是忘不了他们还是一个见习教师时受到的灌溉与影响。或许是在踌躇不决时突然想起新入职时校长说过的一句话，或许是在处理突发事件时不经意用上带教师父用过的方法，或许是延续着参训期间养成的每天写教学反思的习惯，抑或是在面对新的教学挑战时当年彻夜磨课终于赢得一片掌声的场景又浮现在脑海……见习教师规范化培训恰如时雨化之，点滴入土，润物无声。

《风华正茂时——百名优秀青年教师成长案例》中这群在见习教师规范化培训中成长起来的青年教师还很年轻，他们对教育教学活动的认识有待进一步深刻、对教书育人的情感积淀也需要一步步丰厚，但是他们的成长历程对新一代教师而言，有着特别的意义。他们像是一面镜子，让其他青年教师看到了自己；他们又像是一个里程碑，让其他青年教师找到了方向。

希望借由此书，展现"上海市中小学（幼儿园）见习教师规范化培训"十年来促进教师专业成长的成果，也让更多的人看到上海新一代青年教师的模样和上海未来卓越教师的风貌。

春风化雨，桃李芬芳；青春无悔，风华正茂！

4.10　一流大学和一流学科建设离不开一流人才引育环境 ①

在党的十九大报告中，习近平总书记提出，要"加快一流大学和一流学科建设，实现高等教育内涵式发展"。一流大学和一流学科建设是党中央和国务院作出的重大战略决策，是全面提升中国高等教育综合实力、实现从高等教育大国到高等教育强国的历史性跨越的重要举措，也是实现"两个一百年"奋斗目标和中华民族伟大复兴的中国梦系统工程中的重要支撑保障。从 2015 年 10 月《国务院关于印发统筹推进世界一流大学和一流学科建设总体方案的通知》到 2017 年 9 月教育部、财政部、国家发展改革委员会联合发布《关于公布世界一流大学和一流学科建设高校及建设学科名单的通知》，"双一流"建设已成为新时代高等教育发展的新常态、新标杆。

加强"双一流"建设，离不开一流人才，一流人才源于一流的引育环境。环境既是吸引、留住和培育人才的基础，也是发挥人才价值的必要条件。营造一流人才引育环境是新时代高校人事人才工作的重中之重的战略任务。

深刻认识营造一流人才引育环境，对"双一流"建设的基础性、先导性意义。得人才者得天下，得人心者得人才。加强"双一流"建设，人才是主体，也是关键。党的十九大报告在部署"加快双一流建设"的同时，明确"人才强国战略"作为全面建成小康社会决胜期的七大战略之一，对人才引育工作提出了一系列要求，强调"要坚持党管人才原则，聚天下英才而用之""实行更加积极、更加开放、更加有效的人才政策""培养造就一大批具有国际水平的战略科技人才、科技领军人才、青年科技人才和高水平创新团队"等，为"双一流"建设及人才队伍建设指明了方向。

① 本文原载于《中国高等教育》2018 年第 5 期。

积极把握"双一流"建设人才工作已有的良好基础。党的十八大以来，人才工作取得了前所未有的进展，为"双一流"建设打下了良好的基础：

在国家层面，院士、政府"特贴"制度深入实施，成为人才荣誉品牌；从"千人计划"的推出到"万人计划"的实施，体现了对人才引进和培养的同重视、同落实。同时，新的"长江学者"的实施、青年长江学者的增设以及"杰青""优青"等深入推进，为人才的成长和脱颖而出创造了良好条件。

在省市层面，上海的"东方学者"、江苏的"特聘教授"、浙江的"钱江学者"、广东的"珠江学者"、山东的"泰山学者"等都为人才的引进和培养发挥了不可或缺的作用。

在高校层面，各校结合实际设置了有关人才计划，如复旦大学的"卓学—卓识—卓越人才"、上海理工大学的"沪江学者"等，这些都对加强优秀人才的培养起到了积极作用。

所有这些举措都为下一步推进工作奠定了以下良好基础：一是营造了尊重人才重用人才的社会氛围和价值认同；二是集聚了一批国内紧缺国际一流的人才；三是积累了人才人事工作的经验，创建了相应的体制机制和政策制度环境；四是建设了一批利于吸引人才培育人才的科研平台和创新团队；五是贡献了一批引领性科技创新、高质量人才支持和高水平知识体系。根据相关数据统计，入选"双一流"的高校，与其高层次人才数量的支撑密不可分。

清醒认识"双一流"建设人才工作中的困难和问题。人才工作已取得了良好的成效，同时也存在一些问题，主要表现在以下几个方面。

在人才队伍建设方面。全国各高校在高层次人才引进方面不惜重金，出现无序竞价、头衔"金钱化"等问题；有的高校存在重引进、重经费资助，轻培养体系建设，对人才引进后的成长和发挥作用缺乏跟踪及有效评估；有的高校未建立适应学校发展定位的人才体系；有的高校引进和培养人才的机制不顺，引进人才和存量人才间关系亟待进一步理顺。

在人事制度建设方面。在薪酬方面，一些学校由于其绩效工资总量没有足够空间，极大限制了人才引进，尤其是面向海外的人才引进。在编制和岗位管理方面，高层次人才的引进需要一定的编制和高级专业技术岗位作为支撑，如果学校没有一定的余量，将直接限制人才的引进。此外，如何界定高层次人才，唯才是举，以代表性成果选用人才，对现有绝大多数高校的人事制度都具有很强的挑战性，而其中包含的住房保障、子女就读、医疗卫生等服务功能更使其敏感。

努力开拓服务"双一流"建设的人才工作新格局。要坚决贯彻落实党的十九大精神，按照《中共中央国务院关于全面深化新时代教师队伍建设改革的意见》《中共教育部党组关于加快直属高校高层次人才发展的指导意见》《教育部等五部门关于深化高等教育领域简政放权放管结合优化服务改革的若干意见》要求，综合施策、精准发力，激发"双一流"建设活力。

一是坚持抓好人才引进与抓实自主培养并重。高层次人才的引进有可能带来立竿见影的效果，但从高校的长远发展来看，拥有一批自主培养的人才是学校勃勃生机的根本，对此，要根据教育部《关于坚持正确导向促进高校高层次人才合理有序流动的通知》，将人才的引进培养与发挥人才的作用有机结合起来，不求急功近利，不求轰动效应，不求表面之功，注重于打基础、利长远。同时，还要切实发挥引进人才的积极性，从"点"的引进，带动"面"的提升。对此，学校要做好人才计划的申报推荐工作，尤其要建好学校的人才体系，围绕学校定位、学科发展，加强顶层设计，兼顾人才的年龄、学科专业等加强梯队建设，避免因为外部人才计划的实施导致学校内部人才整体发展的割裂。

二是坚持突出高精尖缺与吸引优秀青年人才并重。要结合"双一流"发展定位、学科建设目标等，牢牢把握科技进步大方向、产业革命大趋势、学科发展大举措，瞄准"高精尖缺"人才，在事业平台、经费支持、薪酬待遇、考核评价等方面实行一事一议，给予最优政策，吸引、留住、培育一批关键人才。尤其是要围绕国家战略、地方急需，建立大平台，让高校成为"高精尖缺"人才的汇聚之地、培养之地、事业发展之地、价值实现之地。通过一批"高精尖缺"人才为学校实现新的攀登"攻城拔寨"。同时，要特别重视优秀青年人才队伍建设。青年人才梯队，既是高精尖缺人才发挥作用必不可少的"绿叶"，也是成长为未来高精尖缺人才的"种子"。要把目光更多投向海外，投向博士后层次的青年人才储备。通过举办国际青年学者论坛、组织海外人才招聘会等，建立优秀潜力人才储备机制。尤其可通过博士后制度，依托"双一流"高校，积极在国际青年人才竞争中赢得优势。

三是坚持落实薪酬待遇与提供良好服务并重。进一步完善薪酬分配制度，在健全符合中国特色现代大学特点的薪酬分配制度的基础上，探索有利于国际人才引进的薪酬保障制度。对经认定的高校高层次人才实行年薪制，提供有国际竞争力的薪酬，应允许其不纳入绩效工资总量。同时，更加注重为人才的成长成才营造良好的环境，优先保障科学研究条件，采取国际同行评估考核模式，创设宽松自由的工作环境。政府部门、学校要为人才提供更好的生活服务，设立高层次人才服务专窗，为人才引进提供"一门式"服务，为人才日常管理提供"管家式"服务，要重点解决好人才住房、子女就读、医疗卫生、证件办理等事务。

四是坚持政府放权松绑与高校主动作为并重。"双一流"建设的推进，必然带动人才队伍的大发展。需要在原有编制管理的基础上，探索高校人员总量管理，为引进人才留足空间、保障待遇。进一步落实高校依法自主管理岗位设置，制定岗位设置方案和管理办法。在高级岗位结构比例上，应逐步过渡到高校根据事业发展和人才成长需要设置。进一步下放或落实职称自主评审高校的职称评审权。全面落实由高校自主组织职称评审、自主评价、按岗聘用。高校要切实强化用人主体责任作用，坚持高标准、严要求，积极构建以品德、能力、业绩、贡献为主要标准的考核评价指标体系。实施对主要成果进行分类评价，完善同行专家评价机制，建立以"代表性成果"为主要内容的评价方式。

中国特色社会主义的新时代已经启航，高等教育"双一流"建设的新征程已经开启，这为营造高校一流人才引育环境指明了前进方向，夯实了政策基础，必将大大推进高校人事人才工作创新，不断提高高校教师社会地位，书写好新时代高校人事人才工作的奋进之笔，为"双一流"建设的顺利推进提供强有力的支撑和引领。

图书在版编目（CIP）数据

质变前夕：数字教育的破与立 / 李永智著. — 上海：
上海教育出版社，2023.10（2024.4 重印）
　ISBN 978-7-5720-2340-8

　Ⅰ.①质… Ⅱ.①李… Ⅲ.①网络教育－教育研究
Ⅳ.①G434

　中国国家版本馆CIP数据核字(2023)第204446号

策划编辑　刘　芳
责任编辑　邹　楠
美术编辑　陆　弦

Dawn of Revolution : Crafting the Future of Digital Education
质变前夕：数字教育的破与立
李永智　著

出版发行　上海教育出版社有限公司
官　　网　www.seph.com.cn
地　　址　上海市闵行区号景路159弄C座
邮　　编　201101
印　　刷　上海盛通时代印刷有限公司
开　　本　700×1000　1/16　印张 13.75　插页 5
字　　数　210 千字
版　　次　2023年11月第1版
印　　次　2024年4月第3次印刷
书　　号　ISBN 978-7-5720-2340-8/G·2072
定　　价　96.00 元

如发现质量问题，读者可向本社调换　电话：021-64373213